AF626268

Paul Weisshuhn

Ich komme wieder!

Erinnerungen eines Überlebenden

NKWD-Speziallager Mühlberg
1945-1948

herausgegeben von Markolf Weisshuhn

Paul Weisshuhn war drei Jahre als Häftling im NKWD-Speziallager Mühlberg / Elbe interniert. Nach seinen eigenen Worten hat er dort „um sein Leben gemalt“. Die Hintergründe seiner Gefangenschaft im Lager Mühlberg waren ihm in ihrer politischen Dimension nicht bekannt.

Er starb am 12.10.1987 in Wuppertal. Drei Jahre, bevor mit dem Zerfall der DDR, der Wiedervereinigung und dem Friedensvertrag mit Rußland die Wahrheit über Mühlberg ans Licht kam.

Einbandgestaltung unter Verwendung eines
Selbstportraits von Paul Weisshuhn.
(Öl auf Leinwand, um 1935)

Paul Weisshuhn

Ich komme wieder!

Erinnerungen eines Überlebenden

NKWD-Speziallager Mühlberg
1945-1948

herausgegeben von Markolf Weisshuhn

Stuttgart 2003
Edition Noëma

Bibliografische Information Der Deutschen Bibliothek
Die Deutsche Bibliothek verzeichnet diese Publikation in der Deutschen Nationalbibliografie; detaillierte bibliografische Daten sind im Internet über <http://dnb.ddb.de> abrufbar.

∞

Gedruckt auf alterungsbeständigem, säurefreien Papier
Printed on acid-free paper

ISBN: 3-89821-312-9

© *ibidem*-Verlag
Edition Noëma
Stuttgart 2003
Alle Rechte vorbehalten

Das Werk einschließlich aller seiner Teile ist urheberrechtlich geschützt. Jede Verwertung außerhalb der engen Grenzen des Urheberrechtsgesetzes ist ohne Zustimmung des Verlages unzulässig und strafbar. Dies gilt insbesondere für Vervielfältigungen, Übersetzungen, Mikroverfilmungen und elektronische Speicherformen sowie die Einspeicherung und Verarbeitung in elektronischen Systemen.

Printed in Germany

Inhalt

Vorwort

Zu diesem Buch

Wann genau das in diesem Buch wiedergegebene Manuskript entstand, ist nicht bekannt. Die bemerkenswerte Tiefe der Details am Anfang der Erzählung spricht dafür, daß nennenswerte Teile davon bereits in früheren Jahren, aus dem frischen, unmittelbaren Erinnern niedergeschrieben wurden. Dies scheint auf den gesamten ersten und zweiten Teil zuzutreffen, sowie den Anfang des dritten Teils. Hier treten Personen, Episoden und Orte teilweise erstaunlich lebendig und klar aus der Erinnerung hervor. Der Familie war auch bekannt, daß Paul Weisshuhn an einem autobiographischen Manuskript arbeitete.

Die eigentliche Haftzeit über drei Jahre im Lager Mühlberg dagegen beschreibt Paul Weißhuhn eher rückblickend, durch den Wandel der Zeit und die Vergebung in einem anderen, milderen Licht. Scharfe Details, Einzelheiten und Erlebnisse treten zurück zugunsten einer Schilderung stark verinnerlichten Erlebens. Die zunehmenden äußeren und – schlimmeren – inneren Nöte, der persönliche Konflikt, der aus dem eigenen Überleben angesichts so vieler gestorbener Mithäftlinge und Kameraden entstand, überdecken mehr und mehr die bloßen chronologischen Fakten. Die innere Leere, die Aussichtslosigkeit, die Inhaltslosigkeit des Lebens und die Armut an äußeren Ereignissen, der die Häftlinge im Isolationslager Mühlberg ausgesetzt waren, mag dazu beigetragen haben, daß weniger Fakten erinnert wurden.

Neben Not und Leid wird auch eine andere Qualität dieser Zeit von Paul Weisshuhn gezeichnet. Die Abgeschlossenheit, die Isolation, diese drei Jahre, in denen es ihm nicht möglich war, am Leben teilzunehmen, konnte er für sich und seine künstlerische Entwicklung nutzen. In der äußeren Leere und andauernden Not gelang es Paul Weisshuhn, durch seine Malerei und künstlerisches Gestalten, unter anderem für das Lagertheater, festen inneren Halt zu finden, um zu überleben. Uns Kindern ist der Satz unseres Vaters in Erinnerung: „Ich habe um mein Leben gemalt."

Vermutlich in seinen letzten Lebenstagen 1987 im Krankenhaus hat Paul Weisshuhn den letzten Teil dieses Manuskriptes fertiggeschrieben. Der sich ändernde Stil, von einer chronologisch-präzisen Erzählung der Ereignisse hin zu einer Schilderung inneren Erlebens und der eigenen Glaubenssätze läßt das Wissen um das eigene unmittelbar bevorstehende Lebensende anklingen. Vieles deutet darauf hin, daß Paul Weisshuhn vergeben und seinen Frieden mit dem Erlebten geschlossen hat.

Bei der Entstehung dieses Buches wurde der Text des handschriftlichen Originalmanuskriptes weitestgehend unverändert beibehalten. Lediglich Überschriften und Absätze wurden eingefügt. Der Text wurde gegliedert, um die Lesbarkeit des ursprünglich unstrukturierten Textes zu erleichtern. An einzelnen Stellen wurde eine behutsame Anpassung der Schreibweise vorgenommen, wenn im Originalmanuskript der Satzbau oder die Zeichensetzung unklar blieb. Ganz vereinzelt sind leider trotz aller Mühe die Namen von Personen nicht einwandfrei zu entziffern, ein Nebensatz im zweiten Teil mußte ebenfalls unverstanden bleiben.

Wie Schicksale in der Familie wirken

Als Kinder dachten wir oft, was haben diese Themen unserer Eltern, die wir eher diffus spürten als bewußt wahrnahmen, mit uns zu tun? Unser Vater war anders als andere Väter, als die Väter von Freunden und Klassenkameraden, das spürten wir untergründig. Sehr gütig und liebevoll, auf seine Weise sehr introvertiert. Doch zuweilen konnte er unvermittelt heftig reagieren.

Krieg, Flucht, Vertreibung, Gefangenschaft, das ist alles so lange her, uns betrifft das nicht, wir leben im Westen, weit weg von allem, hier sind keine Spuren des Krieges mehr sichtbar. Wir und unsere Gesellschaft sind optimistisch, jugendorientiert und zukunftsbezogen. So haben wir damals gedacht, als Kinder und Jugendliche.

Mit dem Heranwachsen lernten wir, zunächst abstrakt im Geschichtsunterricht, wie im 20. Jahrhundert durch die Kriegsereignisse und die Folgejahre das soziale und politische Gefüge Europas, und mit dem Entstehen der Machtblöcke die gesamte ursprüngliche Wirtschaftsordnung der Welt auf den Kopf gestellt wurde.

Bücher wie das des Psychoanalytikers Wolfgang Schmidbauer, der intensiv mit kriegstraumatisierten Menschen arbeitete, eröffneten mir später allmählich andere Sichtweisen. Ließen mein anmaßendes Urteil über manche Wesenszüge unseres Vaters bröckeln.

Einen erschütternden Eindruck der brutalen und menschenverachtenden Intensität der Kriegserlebnisse gibt das unlängst veröffentlichte Tagebuch des jungen Soldaten Willy Peter Reese. Die grauenvollen Schilderungen vom Leben, Leiden und Sterben an der Front im russischen Winter werden noch zusätzlich untermalt durch das poetische Versmaß, mit welchem Reese auf eindringliche und erschütternde Weise seine

Kriegstagebücher führt. Diese lassen beim Lesen mit Schauder erahnen, wie sehr der Krieg den Menschen deformiert – und wie nachhaltig diese seelenzerstörende Wirkung ist. Beispielsweise, indem sich Reese mit einem der Millionen Pferde vergleicht, die als Arbeitstiere ebenso gnadenlos geopfert, verheizt und verschlissen wurden wie die Millionen Soldaten und Zivilisten:

Ich nahm die Schläge hin, das mürbe Stroh,
Tat meine Arbeit, stumm und voll Geduld
Es war im Krieg; ich diente, niemals froh
Hab ich nun auch an diesem Kriege schuld?

Und, als Verwundeter oder im Fronturlaub heimkehrend, die lapidare und hoffnungslos deprimierte Feststellung:

Ich kehre heim, ein armer Wanderer
Den keiner liebt, keiner kennt
Ich bin ein Fremdling und ein anderer
Als Ihr mit Eurem Namen nennt.
.....
Kein Haus und Garten und kein Drosselsang
Stillt nach dem Krieg der Seele Untergang.

Angesichts solcher Schilderungen wiegt die Achtung vor demjenigen, der das Leben nach dem Kriege neu ergriff, aufbaute und etwas daraus machte, ein Haus baute, einen Garten anlegte und pflegte, fünf Kinder großzog und bis zum letzten Lebenstage arbeitete, umso höher!

Doch erst seit der intensiven Auseinandersetzung mit der eigenen Familie, dem ureigensten persönlichen Ursprungssystem, ist mir auf machtvolle Weise klar geworden, daß die Geschehnisse von damals unbewußt sehr persönlich in jedem Einzelnen von uns nachwirken.

In zahlreichen Tagen der Familienaufstellung durfte ich auf drastische, teils dramatische und gleichzeitig sehr heilsame Weise erfahren, daß in vielen von uns eine große innere Verbundenheit lebt. Eine Verbundenheit mit denen, die gelitten haben. Unzählbare Menschen waren betroffen vom Elend, dem Grauen, der Not, dem Verlust von Angehörigen, Freunden, Kameraden und geliebten Menschen. Sei es durch Vermißtsein, Kriegshandlung, Flucht oder Tod im Völkermord. Heute sind es oft die Kinder und Enkel, deren Väter, Mütter, Geschwister, Groß- und Urgroßeltern, Onkel oder Tanten während der Zeit des Krieges und danach Schreckliches erlebten, die unbewußt durch ihre Verbundenheit einen Teil dieser Schicksalslast im Familiensystem weiter tragen.

Diese verborgene Dynamik erstreckt sich leicht über mehrere Generationen, und wird sie nicht angeschaut und gewürdigt, setzt sich die oft destruktive und lebenshemmende Verbundenheits-Wirkung immer weiter fort.

Angesichts ständig fortwährender und aktueller Kriege in allen Teilen der Welt, Völkermorden, Vertreibungen und Internierungslagern, wie jüngst vor unserer europäischen Haustür auf dem Balkan, ist es heute notwendiger denn je, eindringlich auf die Spätfolgen hinzuweisen. Folgen von Unfrieden in den Herzen, von Konflikten, die über die persönliche Ebene eskalieren und zu Erstarrung und Dogmen, absoluten Standpunkten führen. Folgen nicht gelebter Liebe, unterdrückten Anders-Seins: Das Anders-Sein des Anderen nicht zu ertragen, ist die Wurzel des Übels. So entstehen Totalitarismus, Diktatur, Unrecht und Krieg – mit all jenem Leid, das noch über Generationen nachwirkt!

Die grotesk anmutende Umfunktionierung des Lagers Mühlberg vom ursprünglichen Kriegsgefangenenlager der Nationalsozialisten zum Internierungslager der Stalinisten macht ohne lange Ausführungen deutlich, wie sehr Täter und Opfer bei Unrechtshandlungen oftmals miteinander verstrickt sind: Ein scheinbarer Ausgleich ist so nicht möglich. Es bleibt die simple, aber gleichzeitig ungeheuer weitreichende Tatsache: Im Krieg gibt es Täter und Opfer, Sieger und Besiegte – aber niemals Gewinner.

Warum ich dieses Manuskript zur Veröffentlichung bringe? Zum einen, weil es der erklärte Wille meines Vaters Paul Weisshuhn ist, die Geschehnisse jener Zeit insbesondere den Jüngeren von uns zu schildern und mitzuteilen. Zum anderen aber auch, weil ich an diesem Manuskript erleben durfte, wie es trotz aller Schmerzlichkeit, die uns aus dem Vergangenen anspricht, ungeheuer befreiend und heilsam ist, wenn wir Geschehenes ans Licht bringen. Wenn wir auch Schlimmes, vor dem wir uns am liebsten abwenden, urteilsfrei anschauen und würdigen. Wenn wir unsere Verantwortung und Rolle - oder die unserer Angehörigen! - als Beteiligte und Opfer des Furchtbaren sehen.

Das Verborgene verliert seinen Schrecken, wenn es aus dem Dunkel des Nichtwissens ans Licht gezogen wird. Gleiches gilt noch viel mehr für das Halbdunkel des oft verdrängten unbehaglichen Erahnens! Das Grauen wird friedlich, wenn wir uns ihm vorbehaltlos stellen und hinschauen. Täter werden kleiner, und Opfer erlangen einen Teil ihrer Würde zurück, wenn sie vorbehaltlos angeschaut werden.

Erkennen wir, daß es nicht unsere eigene Last ist, so können wir sie ablegen. Die Last, die wir durch unsere Verbundenheit mit den Menschen der Familie meinten, mittragen zu müssen, wird leichter und verschwindet von unseren Schultern. Was bleibt, ist die Achtung vor dem Schicksal und die Würdigung des Opfers.

In mir als Kind meines Vaters lebt heute ein Teil seiner Zähigkeit, Zuversicht und seines Improvisationstalents weiter. Für diese Gaben bin ich als Erwachsener dankbar.

Dieses Buch ist mir eine Herzensangelegenheit. Denn es entsteht in Liebe und Dankbarkeit für meinen lieben Vater, Paul Weisshuhn.

Markolf Weisshuhn

Frankfurt am Main, im Juni 2003

Jugendporträt von Paul Weisshuhn

(anläßlich eines Examens?)

Teil 1: Verhaftet

Warum erinnern?

Warum entschließe ich mich, mein Leben während dreier besonderer Jahre zu schildern? Jener Zeit der völligen Abgeschlossenheit, der jähen unerhörten Absperrung und listigen Vertröstung verdanke ich soviel, daß ich der damaligen unglücklich erscheinenden Fügung nicht mehr gram sein kann. Ich fand mich selber in der Dauer eines künstlichen Eigenlebens. Diese Zeit weitete mir den Blick auf Wesentliches, lenkte ihn auf Neues und schenkte mir Fähigkeiten und Kräfte, so daß ich vor mir selbst das Bild dieser Zeit bewahren möchte.

Aber auch die Absicht, meinen Mitmenschen, besonders den Jüngeren, mitzuteilen, wie ich mich unvorhergesehenen, seltsamen Lebensumständen fügen mußte. Niemand kann seinem Schicksal entgehen. Der Mensch als einzige Kreatur vermag sein Los leicht zu ändern, zu bessern und zu lindern. Er kann mit den Kräften des Geistes und des Leibes wehren, einen Wall aufrichten und sich schützen. Ist seine Rettung dann sein Glück oder sein Vermögen, sein Können? Gelingt ihm die gute Wendung allein, oder half ihm Gott, der alles fügte?

Im September 1945 sah mich meine Familie in einem von mehreren Soldaten bewachten, langsam trottenden Zug von verhafteten Männern und Frauen. Wir waren auf dem Weg zum Gefängnis. Es war sehr heiß und staubig. In großer Hoffnung, daß die Gefangenschaft nicht lange währen sollte, hatte ich meiner Frau zugerufen: „Ich komme wieder! Nicht weinen!“ Ich hatte in diese Worte das ganz bestimmte Wissen um eine Rückkehr aus dem Ungewissen hineingelegt, so daß nicht nur die Zurückbleibenden, sondern auch ich selbst mit festerem Glauben mich aufrichtete. Die Mutter mit den drei Kindern mag das Gefühl der Leere und die Sorge um die Nöte des Tages ebenso bedrückt haben wie die Angst um das Leben ihres Mannes. Der Krieg hatte ihn verschont. Sollte ihm nun eine drückende Gefangenschaft und Haftzeit Schaden zufügen?

In der Kolonne

Der Zug der Häftlinge bewegte sich auf der leicht gewundenen Straße aus dem Weichbild der Kleinstadt Gerau (?) durch Felder, kleine Wälder und über die beiden alten Steinbrücken. Die vertrauten Wasserläufe hatten so oft die Männer mit ihren Familien an Sommertagen am Ufergras gesehen. Mancher von ihnen hatte dort in den Auen mit der Braut die Pläne für´s Leben erwogen. Erst jetzt, jetzt, da man nicht mehr wie früher, etwa dem Drängen der Kinder nachgebend ein Boot besteigen und auf dem aufgestauten Flüßchen rudern konnte, drang das Gefühl des Gefangenseins in der vom Kriege befreiten Heimat besonders ins Herz der Bewachten. Du darfst Dir hier keine Kirschen kaufen oder mit dem rastenden Landmann sprechen und seinem Braunen im Geschirr freundschaftlich den Hals klopfen! Du darfst nur stumm auf die fernen Hügel mit ihren Villen blicken, das Haus von Freunden suchend. Jetzt darfst Du ja mit niemand sprechen. Die Posten schimpfen und schlagen. Die Gedanken suchen andere Bahnen, unfreie Bahnen, immer um das Zentrum herumtastend: Warum müssen wir fort? Wohin treibt man uns? Wie lange wird der Marsch, wird dies alles dauern?

Die Füße brennen, Staub trübt die Augen. Durst stellt sich ein, wird quälend. Der Nachmittag wird lang. Eine Pause. „Hinsetzen, alles setzen!“ So ist die traurige Schar am besten zu überblicken. Die Posten haben ihre Erfahrungen, ihre Instruktionen. Sie haben Übung und Erfahrung. Was wir zuerst als Teilnahme empfanden: Das „Du mußt setzen“ erkennen wir bald als kalte Vorsicht. So darf keiner aufstehen, um sich eine Rübe oder einen grünen Apfel zu holen. Nur das Gras, das um uns wächst, können wir abzupfen, um die grünen süßen Stengelenden zu kauen. Da wächst auch das heilsame Gänsefingerkraut. „Zerreibe das, Kamerad, und lege es auf die brennenden Stellen der Füße, auch zwischen die Zehen!“

Das letzte Brot ist verzehrt. Ehe wir uns zum völligen Ausruhen etwas strecken können, geht es weiter. Unerbittlich, weiter. Die Heimat ist hinter dem Laubwald der Aue verschwunden. Die Schornsteine der Feller-Werke und die beiden Türme von St. Kathrin sind die letzten Zeichen. Zuhause, dort rechts von den Türmen wird jetzt meine Frau im Beerengarten die Schularbeiten der Kinder durchsehen, das Anzeigenblatt lesen und Vaters Sachen stopfen. Er kommt ja bald wieder, Kinder! „Mutti, ist ein Monat lange? Ist, wenn Sonntag vorbei ist, der Monat herum?“ „Herr Gürtler hat auch seiner Frau gesagt, daß sie aus dem Gefängnis bald wiederkämen! Sie hätten ja nichts verbrochen.“ „Ja, Kinder, wir müssen warten.“

Die Bewachten kommen nun durch andere fremde Fluren, ziehen etwas frischer die Straße weiter. Wolken verdecken die Sonne. Vom gestrigen Regen ist hier die Straße kühler und staubfrei. „Du, Dein Kraut hat geholfen, meine Füße brennen nicht mehr. Wie heißt das? Muß man sich merken!“ „Potentilla anserina ist das“. Der Apotheker mischt sich damit unter das Volk: Er spürt, wie alle anderen auch, daß diese Rechtlosigkeit, dieses aller Willkür Ausgesetztsein, alle verbindet und gleich macht. Was halfen dem Betriebsleiter alle Beteuerungen seiner Unabkömmlichkeit, dem Verleger die Versicherung, daß und wie er Weltfriedensbestrebungen gefördert habe, dem Spediteur, daß er Kriegsgefangene wirklich gut behandelt habe? Bürgermeister, Schulleiter, Bahnbeamte, Kaufleute, Handwerker, Händler, Arbeiter, Schaffner, Gastwirte, Bauern, alle laufen sie nun, von den Soldaten beschimpft und gestoßen, im gleichen Zuge dahin.

Nachtquartier

Sie erreichen am Abend ein großes Dorf. Ein mit dem Fahrrad vorausgefahrener Wächter kommt zurück und meldet dem Offizier etwas, augenscheinlich eine gute Nachricht für die Soldaten. Denn sofort rufen alle: „Vorwärts!“ „Laufen schnell, dann alle schlafen“. So soll wahrscheinlich dieses Dorf Quartier bieten. Herr Gott, wenn man doch mit einem der Einwohner sprechen könnte! Menschen stehen stumm, anteilnehmend an den Türen, lehnen aus den Fenstern heraus. Sie nicken und winken verstohlen. Sie sehen uns an, daß wir wie ihre Brüder, Männer und Väter, keine Verbrecher sind. Aber sie können uns nicht helfen, die wir nun barfuß laufen, nur leicht bekleidet, so wie wir des Nachts aus dem Bett gerufen wurden, mit Mänteln flüchtig überhangen und einer Aktentasche, die schnell Zusammengerafftes, Tücher und Bürsten und bis vor kurzem noch etwas Brot enthielt. Die Hausschuhe sind schon durchgelaufen. „Macht nichts“. Es wird nicht lange dauern. Wir sind bald wieder daheim. Ein Posten soll das auch gesagt haben: „Ihr bald nachhause“.

Nun gut also. Für heute heißt es, sich mit dem Quartier abfinden: Ein Gutshof. Eine Zentrifugenkammer neben der Futterküche des Stallgebäudes. Steinfußboden, feucht. „Alle hinein!“ „72 Mann?“ „Alle schlafen hier!“ Die ersten begreifen, daß sie sich Ellenbogenfreiheit halten müssen. So lassen sich also nicht alle hineinpferchen. Die Futterküche wird freigegeben. Dann geht es recht und schlecht. Und Stroh ist im Stall. Man hilft sich. „Ja, Herr Amtsrichter, holen Sie sich auch Stroh!“ Ich liege neben Richard Kersten, dem Heizer von Grothes Kartonagenfabrik. „Du bist viel älter als ich und hast mir früher schon von Deinen beiden Söhnen erzählt, von Deiner Dienstzeit auf dem Kanonenboot und der Chinafahrt. Jetzt sagst Du mir erst, daß Du Gustav Kersten heißt!“ „Wir hatten im Betrieb zwei Gustavs, darum nennt man mich Richard.“ „Gute Nacht, Richard, lehne Dich nur fest an mich, damit wir nicht umfallen, dann werden wir vielleicht einige Stunden schlafen können!“

Solange die Knie nicht schmerzen! Alle hocken mit angezogenen Knien. Das Licht bleibt brennen. Einige Glückliche haben noch Brot. Die Gefangenen betrachten einander. Und begreifen nun, was das heißt: „Unser täglich Brot gib uns heute.“ Was galt das schon im gewohnten Alltag. Diese Bitte ermaß man nicht in ihrem Umfang. Oh, nur eine harte Rinde, wie lange könnte man daran kauen! So eine trockene Rinde, zäh und malzig. Ist denn davon gar nichts mehr in der Tasche? Nur so eine Rinde, die man den Hühnern gab, dem Hunde.

Nichts mehr im Rock? – Sieh, der in der grünen Jacke kaut noch immer. Er beißt nochmal ab, der hat noch Brot. Seine Nachbarn betrachten ihn. Er merkt es nicht. Denn er ist nicht argwöhnisch. Er denkt an zuhause und an den verwundeten Sohn, der in Bayern im Lazarett liegt. An seine Fohlen, an den Einschlag der Granaten in die Scheune und den Schuppen. Wie die toten Hühner und Gänse zerfetzt herumlagen und die Drillmaschine durchsiebt hochgewirbelt über dem Kartoffelroder hing, die Pflüge, alle verbogen und schartig. Gut, daß es nicht zu regnen anfing! Die Splitter waren noch heiß, als er hinrannte, während die Einschläge weiter zum Dorfende wegwanderten. Danach schrie jemand, es hatte zwei Mädchen und den alten Diestler erwischt. Das hätte auch ihn haschen können. Aber das ist nun überstanden. Und dies hier, hier in der Futterküche, das ist auch überstanden.

Aber das bißchen Brot geht zuende. Wo wollen die Kerls bloß mit uns hin?! „Ins Kreisgefängnis!“ sagt einer. Da sind wir besser aufgehoben als hier. Da hat jeder mindestens seine Pritsche. Und da gibt´s abends wenigstens was zu trinken. Da wird man sich ausstrecken können. Die Knie müßte man bewegen können, den Rumpf drehen. Aber da hocken sie links und rechts so dicht beieinander. Was haben sich die Posten nur gedacht! Diese räudige Bande. Man hat aber auch keinen von ihnen lachen sehen! Immer nur schimpfen, fluchen, spucken und schnauzen sie! Was mögen die nur früher gemacht haben, ehe man ihnen den Karabiner in die Hand gab und die grünrandigen Mützen. Jetzt sitzen sie draußen im Hof auf der Bank unter dem Nußbaum und schneiden ihren Proviant. Ob ich das letzte nun noch esse, - weg - dann wär´ es aus; morgen wird´s wohl was zu essen geben für alle, sicherlich. Sie können uns doch nicht noch einen Tag hungern lassen! Das gute Brot! Lina, wer macht Dir nun den Backofen fertig. Das viele, viele Reisigholz vom Januar. Das war eine Anstrengung, die Bündel zu stapeln, so hoch über dem Schuppen --- Darüber schlief der mit der grünen Jacke nun auch ein. Seine Mütze war ihm schief über das Gesicht gerutscht und die Nachbarn merkten nicht, wie er sich haltlos über sie neigte.

Richard, Du schläfst auch. Ich muß noch an so vieles denken. Was hätte man in diesem Spätsommer noch tun müssen? Da waren zwei Neueinstudierungen. Da fing alles so gut an. Das möchte ich nicht im Stich lassen. Heller wird die Inszenierung indessen alleine durchführen, sich selbst helfen, bis ich wiederkomme. Die Bühnenarbeit strengt doch an. Wie oft mußte ich zum 1. Rang hochsteigen am vorigen Freitag. Wie müde war ich danach, die Scheinwerfer mußten noch matter sein, mildes Licht, warm, schwüle stickige Luft, strohstaubig, keiner spricht, auf der Bühne warten sie – sie schlafen nicht mal und das Stroh knistert. Keiner kann sich rühren. Mattes Licht über der Ernteszene, die Schnitter schlafen, Hirten schlafen. Es schlägt vier. Nachbarn besprechen sich, immer mal den Platz wechseln können; Stehen tut gut. Aber man ist noch so wenig ausgeruht. Drehen wir uns mal auf die andere Seite. Richard, Du hast als Matrose diese drückende Enge schon oft erlebt. Geduldsmensch. Du hockst so ruhig. Lächelst in Dich hinein. Wie lange werden sie uns behalten! Diese Frage ist Dir wichtiger als der Gedanke an Brot. Du kennst das weite Meer, liebst das Zischen der Ventile, das Rauschen der Brandung, und mußt hier stumpf stillhocken, hungern und sinnlos warten.

Schweinefutter

Es wird hell, versuchen wir nochmal etwas zu schlafen. Da fangen andere an zu sprechen, man zankt sich; gereizt erwachen die anderen. Im Stall nebenan blökt ein Kalb, es klirren Ketten. Da sind auch Gefangene. Aber man gibt ihnen zu essen – Viehfutter, Futterkiste – verdammt, der Schrotkasten! „Geh mal runter! Ob da noch Schrot drin ist?" Zukkerschnitzel und Schrot: „Eine Handvoll!" „Du, mir auch." Der Apotheker warnt: „Essen Sie das Zeug nicht!" „Das kann doch nicht schaden!" „Na, ich weiß nicht: Es gibt Strahlenpilze, Viren und ähnliches". Aber es schmeckt, man muß nur gut kauen. Gut kauen, versteht Ihr! „Gebt mir auch was." „Etwas in die Mütze." Ja, es schmeckt, das trokkene, kratzige Pulver. Die Spelzen spuckt man aus. Der Apotheker kostet auch. Der Wissenschaft halber! Schmeckt etwas bitter – „Gerstenschrot!" sagt jemand. Man lacht einander an, alles kaut. „Kinder, wenn wir das zuhause erzählen, daß wir den Schweinen das Futter weggefressen haben!"

Aus der Zentrifugenkammer kommen sie nun auch. Man drängt sich, alle sind erwacht, aufgestanden, drängen stürmisch, schieben sich zum Futterkasten durch. Und heran drängen sich Kameraden mit gefüllten Taschen, weiß bestäubt, die Luft wird mehlwolkig, dick, moderig. Aber alle lachen, kauen, kauen, spucken; die Eisenbahner und die Bankbeamten. Der Bürgermeister kostet nur wenig. „Eine Hungerkur ist für das Magengeschwür das Beste, Herr Wernecke, meinen Sie nicht auch?“ Dem Apotheker ist die Anrede peinlich. „Ich hätte nicht gedacht, daß man das Zeug so essen kann! Na, man wird nicht dümmer davon.“

Die Tür geht auf. „Alle aufstehen, alles auf!“ Der Posten blickt verwundert. „Was haben? Warum Du essen?“ und schlägt dem nächsten das Schrot aus der Hand. Schnell verschwinden die Reste in Taschen, Beuteln, Büchsen. Man klopft sich untereinander ab. Es wird staubiger, aber die Tür ist offen. „Raus!“

Über den Gutshof gehen Melker. Mägde füttern Kleinvieh. Das Hoftor ist noch versperrt, aber über die Mauer gucken Menschen. Im Dorf weiß man, daß hier Häftlinge quartieren. „Da kommen sie! Vater!“ „Ach, Dein Junge, Otto!“ Der Junge winkt, Otto geht hin. Der Posten sagt nichts. Er behält ihn im Auge. Otto nimmt ein Paket von der Mauer und geht noch einiges nach hinten rufend zum Nußbaum, wo die anderen sich abklopfen und räkeln. Otto will das Paket öffnen. Der Posten nimmt es ihm ab. „Was ist? Du essen, alle essen!“ Er fetzt die Hülle auseinander und wirft Brote, Wurststücke, Eier in die Menge, Äpfel, Pflaumen und Quarkstuten. Ein Stück behält er: „Du, gute Frau!“

Otto ist verblüfft, begreift: So ist wenigstens nichts verdorben. Viele haben etwas erhascht. Der Posten ist in Ordnung. Man lächelt ihm zu. Nun kommen drei Mann und öffnen das Tor, treiben die draußen Wartenden zur Seite, schimpfen und treten in die Fahrräder. Wir stellen uns auf. Otto selbst hat noch Hunger. Er erhielt sehr wenig von seinem Paket. Aber es freut ihn, daß ihm alle was zu danken haben. Die Beamten von Rathaus und Sparkasse. "Otto, Du hast eine famose Frau!" Das sagen sie, und das ist auch das Beste so, nachdem man gemeinsam das Schweineschrot fraß. Nun ist die gesellschaftliche Politur weg. "Der Lack ist ab." Wie wir aussehen. "Du hast noch Mehl im Auge, auf der Nase!"

Otto ist gönnerhaft gesprächig, sein Opfer macht ihn überlegen. Und er ist es, der auf- und abgehend eine Magd anspricht nach einem Schluck Kaffee. Einen halben Eimer voll reicht ein Küchenmädel durchs Fenster. Trinkbecher gehen herum. Als wir durchs Tor marschieren, ruft es hier und da "Vater!", "Fritz!", "Toni!", "Erich!", und Pakete fliegen, kleine Päckchen und Bündel über die Posten. Freude kommt auf, auch bei denen, die nichts bekommen. "So wissen unsere Frauen doch, wo wir sind!"

Transport

Wir sind nicht verlassen. Und wir bemerken, wie weit hinten Radfahrende unserem Zuge folgen, der sich langsam durch das Dorf bewegt. Mancher teilnehmende Blick gilt den müden, frierenden, traurigen Gestalten. Erst am Ortsausgang werden die Posten lebhafter. Sie treiben an und schreien, sie stoßen und schieben die letzten. Der Vormittag wird lang. Die Sonne beginnt zu wärmen, anfangs wohlig, anregend, dann übermäßig erschlaffend. Um die 11. Stunde erscheint ein Lastauto mit Anhänger, die hinter uns wenden, uns überholen und vor uns rechts vorfuhren. "Halt. Alle fahren." Die Jüngeren unter uns erklettern die Wagen. Die Ladeklappe fällt, man hebt, drängt und zieht herauf, bis ein

Offizier erscheint. Er trägt andere Farben als die Posten und schafft sich Gehör: Sein Vorgehen läßt auf große Erfahrung im Menschentransport schließen. Er heißt alle wieder aufstehen, zählt 6 Mann ab, nötigt sie in die Hockstellung am vorderen Wagenende, läßt sie sich so recht fest setzen und setzt ihnen die nächsten sechs vor die Knie; so werden alle fest gezwängt in einer Weise, die keinem erlaubt, sich zu regen.

Diese Prozedur ging schnell vonstatten und wurde schnell von den Beteiligten begriffen. Später erst verspürten sie die Qual dieser Praxis. Schon nach kurzer Fahrt begannen die Glieder zu schmerzen oder taub zu werden. Dies und die Frage nach dem Ziel der Reise belastete die Gemüter. Die Stadt kam in Sicht, einigen gut bekannt, die Wagen verließen die Hauptstraße, bogen an der Stadtmauer entlang in eine schattige Allee. "Nun weiß ich, daß es zum Kreisgefängnis geht!" Im Vorhof des Gerichtsgebäudes hält der Zug, hinter uns schließen sich die schweren eisernen Flügel. "Ob uns die Radfahrerinnen gefolgt sind, ob sie nun wissen, wo wir sind?" Mühselig und qualvoll ist das Absteigen. Als ob man mit Messern in alle Glieder gestochen hätte. Schmerzvoll und schwitzend versucht man sich zu erheben, hält sich an den Planken des Wagens und wird geschoben und hinuntergezerrt, bis man sich nach einigen Bewegungen zusammen findet, die wenigen Habseligkeiten aufnimmt und sich in die Reihe der verwunderten, verlegen lächelnden Angekommenen einstellt. Der Wagen fährt ab, die Posten mit ihm. Was sie an Päckchen den Rechtlosen unterwegs wegnahmen, was sie untereinander teilten und abfahrend höhnisch winkend hochzeigten, soll unerwähnt bleiben.

Paul Weisshuhn

(als Student)

Teil 2: Rechtlos

Es treten nun Zivilisten mit frechen Gesichtern, gebrochen Deutsch sprechend an uns heran: "Aufmachen, schütte aus alles: Taschen auf, Rucksack aus, Mappe her!" Löffel, Messer, Blechbüchsen, Topf, Becher, Flaschen, Hosenträger, Schals und Riemen fliegen auf einen Haufen. Von den Rucksäcken schneidet man die Lederriemen ab. Wir behalten nur Beutel und Taschen mit etwas Wäsche. Brieftasche mit Papieren und Fotos wird uns gelassen, auch der Kamm. Das alles ernüchtert uns sehr.

Jeder kämpft um dies oder das. Kein Einwand hilft. Nur den Invaliden läßt man den Stock. Der Griff wird überprüft ob er etwa hohl sei, Mißtrauen aus eigenem schlechtem Gewissen, Diebeslust und kalter Hohn, eine ausgeprägte Gefangenenbehandlungserfahrung mischen sich in diesem rauhen Vorgang, der jedem die Sprache verschlägt. Tränen sieht man, Wut, Ohnmächtigkeit und Bitterkeit kommt auf. Das spüren die Befehlenden. Um so ungeduldiger, herrischer zerren sie die Bündel auseinander, hier ein Paar Schuhe, dort eine Strickjacke, einen Mantel beiseite werfend, scheinbar achtlos, jedoch mit spürbarer Absicht des Aneignens.

Im Bezirksgefängnis

Dann tut sich eine Tür auf, wir werden in einen Flur, dann eine Treppe hinunter getrieben. Im Kellergang drängt man sich, sucht sich Nachbarn und hockt wartend in verworrenem Denken, bis der Abend kommt.

In der Dämmerung erst gibt es auf dem Gefängnishof eine Suppe und zwei Scheiben Brot. Das Essen wird ausgehändigt von Mitgefangenen, die mit wenig Worten etwas von dem ´Betrieb hier` andeuten. "Maul halten, sonst gibt´s Dresche." Noch immer hungrig geht man zum Hof in den Keller zurück. Gespräche kommen in Gang. Man lernt nun erst die Nachbarn kennen. Er spricht aus jeder Rede die Zuversicht, daß die Haftzeit nicht zu lange dauern könne. Bald wird sich alles sonnenklar herausstellen. Die Zukunft also bereitet keine Sorgen. Und jetzt schon ist das Gespräch der schöne Trost, der über das Unglück der Stunde hinweg hilft. So kramt man die bewegte Vergangenheit aus: Berufsepisoden, Begegnungen, Geschichten, ernst und heiter, in zufälligem Wechsel.

Schnell kommt die Nacht. Ich versuche, mich zu strecken. Aber das Ausstrecken der Beine erfordert eine Verhandlung mit dem Mann gegenüber, dem ich zugestehen muß, daß er mir seine Füße an meinen Hals legen darf. So vereinbaren es alle miteinander. Es ergibt sich ein Geflecht von Körpern, die müde, dem Lauf der Dinge ausgeliefert, aber zunächst für heute, wieder für eine Nacht, geborgen im Schlaf, Trost finden.

Die Eindrücke von heute lassen die gestrige Nacht schnell vergessen. Vergessen sind aber nicht Frau und Kinder. Schlummern sie nun auch, nachdem sie den Vater im Abendgespräch noch erwähnten?

Scheinprozesse

Es scheint, daß man uns nun nach unserer Vergangenheit fragt, daß man die Sünder und Verbrecher unter uns aussucht. Es scheint, daß wir doch nun bald alles Fragwürdige hinter uns haben werden. Einzelne werden am Morgen aufgerufen. Durch Gänge und Flure des Gerichtsgebäudes führt man sie in verschiedene Zimmer. Alle Fenster sind offen, so daß man vom Keller aus das Brüllen und Toben der Verhörenden, das Schreien Geschlagener hören kann. Einzelne Flüche und Beschimpfungen lassen sich heraus hören.

In den Amtszimmern zwischen Aktenregalen und Schränken sitzen Offiziere und Dolmetscherinnen. Jene widerlichen Zivilisten sind bei ihnen und ergänzen das Fragespiel durch freche gemeine Einwürfe und niedrige Beschuldigungen. "Was Du gewesen?" ist die wichtigste Frage, nachdem die Dolmetscherin die Personalien, dazu Vornamen und Geburtstag des Vaters aufgeschrieben hat. Man antwortet mit der Darlegung von Tatsachen, die jedoch sofort verdreht und verschlimmert wiedergegeben werden. "Du lügst!" ist stetig die Voraussetzung des Fragenden, der nach wenigen Sätzen seine Pistole abschnallt und sie bedeutsam vor sich auf den Tisch legt.

Der Zivilist fuchtelt mit einem langen Bürolineal und klopft hochkantig auf den Tisch oder um nachzuhelfen, auf den Kopf des zu Vernehmenden. Es geht im Ganzen um die politische Vergangenheit des Häftlings. "Blockleiter." "Da hast Du nur den Frauen von Offizieren, den Fabrikbesitzern Kohlenscheine gegeben, Du hast den Kapitalisten im Krieg geholfen und den Arbeitern geschadet, um Dich selbst zu mästen. Und Soldat warst Du auch! Da hast Du unsere Dörfer verbrannt, das Vieh geschlachtet und Brücken gesprengt. Das kannst Du alles wieder bauen, Du bekommst viel Zeit dazu." höhnt der Zivilist. Man fragt mich nach der Schulbildung: "Viele Jahre Gymnasium, viele Jahre Universität, und dann so dumm geblieben, daß Du ein politisches Amt übernahmst! Für so große Dummheit große Strafe!"

Das waren bei aller Ironie des Urteilenden gute Aussichten für eine lange Freiheitsstrafe. Ich bekam eine Gänsehaut. Andererseits hätte ich gerne meine Meinung über Krieg und meine Stellung als Soldat und über die kurze Zeit als Blockleiter dargelegt. Der Augenblick schien mir wichtig. Ich ahnte, wie man hier übertrieb, um einen Schuldigen festzunageln, dessen Konto stark aufzufüllen, ihn in die Erkenntnis seiner Minderwertigkeit hinein zu drängen. Mit großem Aufwand von nebulistischer Verdrehungskunst färbte man jede Aussage des hilflos Preisgegebenen, so daß ihm der Wille, noch mancherlei zu seiner Entlastung zu erwidern, erstarb.

Es schien zwecklos, noch weiteres zu sagen, jedes Wort führt zu neuen Verschlingungen: Jedes Wort ist Lüge. Nur was der Vernehmende fragt, ist richtig! Die Dolmetscherin schreibt sehr viel. Was mag alles auf den Bögen stehen! Sicherlich die Beschreibung eines abgefeimten Verbrechens, eines bedenkenlosen Ausbeuters, eines kalt berechnenden räubernden Schädlings, eines überheblichen und schrankenlosen Fanatikers: Das alles bin ich nach den Darstellungen der Drei, denen wahrscheinlich alles, was sie mir zur Last legen, selbst höchst fremd ist und überaus verwerflich erscheint, obwohl man ihnen im Gesicht die Art ihrer Moral ablesen kann.

Von meinem Beruf als Bühnengestalter schlossen sie dann, daß ich sicherlich Karikaturen ihres höchsten Marschalls und Generalissimus gezeichnet hätte. Auch daß ich Kinder hätte, sei Kriegspolitik. Nichts Harmloses gab es an mir. Nun sollte ich das Protokoll unterschreiben. "Ich kann dies ja nicht lesen." "Brauchst Du auch nicht. Es steht nur alles das drin, was wir jetzt besprochen haben. Und wenn Du Dich jetzt weigerst, schreiben wir noch dazu, daß Du die Wahrheit noch immer nicht anerkennst, dann kannst Du noch ein paar Jahre länger sitzen." Das Lineal klatschte einige Male auf den Kopf. Dem Offizier konnte man also nicht nachsagen, daß er Häftlinge mißhandelte. Ich unterschrieb. Es war ja alles so sinnlos, jedes Verhandeln ohne Zweck. Ohne Kraft und niedergeschlagen verließ ich den Raum.

Draußen führte mich ein Soldat in den Hof, wo bereits andere Leidensgenossen aus dem Keller warteten. Mehrere hatten leichte Schwellungen im Gesicht. Da wir aber alle das Gefühl hatten, daß man aus uns allen unter Druck, mit Bosheit und offener Verfälschung, nichtswürdige Verbrecher gemacht hatte, kam bald eine überlegene heitere Verfassung in die Gemüter. Wir warfen einander Greueltaten vor und lachten über unsere Übertreibungen und sagten uns, daß wir heute in wenigen Minuten mehr von uns selbst erfahren hatten, als es im ganzen bisherigen Leben möglich war.

Man hatte uns unsere zweite, ja dritte und vierte wahre Natur einmal vorgehalten. Man konnte dies ja als eine Bereicherung empfinden, so, wie ein Mädchen gern ein Foto von sich im veränderten Kleid betrachtet, malte man sich seine angedichtete Rolle als Kriegsverbrecher, als Kriegsverlängerer, Ausbeuter, Kriegstreiber, als Menschenschlächter und feindseliger Faktor aus. Und da allen im Hof ein oder mehrere Gesichter aufgeprägt und neuartige Wesen angeheftet worden waren, so war des Erzählens kein Ende.

Sehnsucht und Haftpsychose

Man hockte oder streckte sich auf das warme Steinpflaster und wartete. Der Vormittag war kurzweilig, denn die lauten Verhöre bei offenen Fenstern waren eine ungewöhnlich spannungsvolle Unterhaltung. Die dünne Suppe und das Brot beendeten diesen Vormittag. Der Nachmittag im Keller war nur einer der vielen, die noch kamen.

Die Enge des Raumes führte zu fernsehnsüchtigen Gesprächen: Reiseerinnerungen und Schilderungen aus den Berufen wechselten ab. Die Phantasie schaltete sich wohltuend ein, wenn das Auge vom schummrigen Einerlei der bröckeligen Wand müde und ungestillt sich nach innen wendete. Da sah man die Kanäle Hollands, die Blumenfelder lebendig vor sich, wenn einer von seinen holländischen Geschäften sprach - Mazedoniens Menschen und Tiere, uralte Schildboten erschienen in Berichten aus dem Kriege. Französische Schlösser und Weinkeller durchstreiften wir, ebenso wie das Trakehner Gestüt, sächsische Jagdschlösser und die Burgen an der Mosel; bei den Heidelbeeren im Riesengebirge lief uns das Wasser ebenso im Munde zusammen wie bei den Forellen des Schwarzwaldes.

An diesem und allen folgenden Tagen standen wir bereits in der Haftpsychose: Hungerphantasie gesellte sich zu Fernweh. Freiheitssehnsucht und gedankliches Schweigen trieben üppige Blüten. Der Bäcker sprach vom Schweineschlachten, die Bauern vom Pökeln und der Gerichtsrat von seinen Jagden. Und wie oft bewies es sich, daß man daheim allzumal der Mutter in die Töpfe geguckt, sich ihre Rezepte und Würzbräuche eingeprägt hatte, von denen man ausführlich mitteilte.

Letzte Kontakte

An den Tagen im Keller ereignete es sich mehrere Male, daß einzelne von uns heraufgerufen wurden und mit offenen Päckchen wieder herunter kamen. "Meine Frau war da!" Und so waren eines Tages Richard und auch ich selbst an der Reihe. Wir durften im Gefängnishof unsere Frauen sehen und kurz sprechen. Sie hatten uns einige Sachen an der Wand gegenüber aufs Pflaster gelegt, die wir anziehen konnten. So konnte ich mich des Nachtzeugs entledigen, in dem ich verhaftet wurde. Einige belegte Brote, Obst und etwas Kuchen hatten die tapferen Frauen für uns, und für die Posten etwas Schnaps gebracht. Das war für wohl unbestimmt lange Zeit wohl das letzte Wiedersehen. Richard Kersten, Du warst so tapfer.

Mir kamen Tränen, als wir den Hof wieder verlassen mußten, von einem Zivilisten zurückgeführt in den Kreis der ermunterten Häftlinge: Man sah in dem Verwandten- oder Frauenbesuch eine Hafterleichterung. "Dann wird man uns wohl bald nach Hause schicken. Sie überprüfen das Protokoll in der Heimatgemeinde. Und dort wird man wohl gerechterweise alles entkräften, was uns untergeschoben wurde.“

So etwas hat es in der Geschichte noch nie gegeben! Je mehr eine Meinung an Besserungsmöglichkeiten unseres Loses enthielt, um so lieber schloß man sich ihrem logischen Grund an. Der Wunsch nach Freiheit, nach Klärung der undurchsichtigen Lage war der Beweggrund der Meinungsbildung, die in jedem Fall wunschfarben ausfiel und auf keinerlei Tatsachen bauen konnte. Denn weder die Posten noch länger einsitzende Häftlinge konnten mehr als nur Vermutungen äußern.

Tage vergehen. Das Kellerklima, der Steinfußboden erlaubt ja keinen Daueraufenthalt. Aber keine Instanz kümmerte sich um uns außer den Posten, dem Gefängnissergeanten. Die kurzen Frauenbesuche hatten aufgehört. Offenbar war es den Zivilisten verboten, Pakete durch die Tore schleusen zu lassen. Einige wenige Kellergenossen waren nach oben gerufen worden, wo sie die guten Schuhe ausziehen und ein paar alte in ähnlicher Größe nehmen mußten. So wurden in begründeter Vorsicht auch gute Jacken und Mäntel nicht zum Essen im Hof mitgenommen. Denn so oft wir den Hof betreten durften, so oft wurden wir vom Fenster aus durch die untätigen Zivilisten beobachtet, die einzelne Strickjacken und Sommermäntel der Häftlinge ohne jede Scheu trugen.

Es waren in diesem Gefängnis noch die Verhafteten aus anderen Orten hinzu gekommen, so daß wir im Keller und in einzelnen Zellen des Gebäudes eine ansehnliche Menschenmenge ausmachten. Ich weiß heute die genaue Zahl der Tage und Nächte nicht mehr. Nur konnten wir feststellen, daß an den Tagen, an denen sich ein Offizier für lange Zeit im Gebäude aufhielt, die Brotrationen dicker geschnitten waren, die Suppe besser aussah. Gesättigt hat man uns nicht. Wir begannen gleichgültig zu werden. Nur der Aufenthalt im Hof, während dessen man aufatmende Mitgefangene aus den zu dicht belegten Zellen sprechen konnte, belebte etwas.

Erneute Verlegung

Eines Tages forderte man uns auf, im Hof anzutreten und alle Sachen mitzunehmen. Wie hatten sich alle verändert. Nicht das ungepflegte, unrasierte, sondern auch überaus fahle Gesicht der Versammelten, die, weil ihnen jeder Spiegel fehlte, im Gegenüber ihr eigenes Angesicht abschätzen, wirkte traurig.

Als jedoch nach dem Namensaufruf ein großer Teil von uns in den Außenhof abgeschoben und von dort wiederum auf bereitstehende Lastautos verstaut wurde, wurden wir angeregter. Was nun kommen mochte, konnte uns nicht erschüttern; man wird uns nirgends verwöhnen. Und schließlich näherten wir uns der Freilassung! Unsere Protokolle waren ja so faustdick aufgetragene Fälschungen: Von einer Überprüfung in der Heimat war alles zu erhoffen.

Dies und Ähnliches besprachen wir oft und auch unterwegs auf den Autos, auf denen man uns wieder sorgfältig geschichtet und so verklemmt hatte, daß selbst für zwei Posten wenig Raum blieb.

Die Fahrt aus der Stadt heraus war den Kellergewöhnten eine Erquikkung. Grüne Bäume, rote Ebereschentrauben und abgeerntete Felder, Stoppelfelder mähende und kartoffelerntende Landleute zogen vorbei. Wie anders betrachtet man den Chausseestein, den Wegweiser, die Wirtshaus- und Geschäftsschilder, all die sonst unbeachteten Kleinigkeiten: Eine Kuh, Ziegen, Hunde, Kinder, der Teich und die Enten. Es war, als ob ein gütiger Himmel alles mit besonders mildem Licht überhellte und so jedem Ding eine besondere Belebung und Eindringlichkeit des Wesens gegeben hätte. Man hatte uns grausam alle diese Dinge entzogen. Und wir sogen nun den Eindruck alles Entbehrten um so gieriger in uns ein. Schweigend, von den Passanten teilnehmend betrachtet, durchfuhren wir mehrere Dörfer bis zur Provinzgroßstadt, die sich unserem Blick unten im Tal breit ausgedehnt darbot. Noch immer hofften wir auf eine plötzliche glückliche Wendung unseres Loses. Aber die Ortskundigen deuteten schon aus der Fahrtrichtung durch ein bestimmtes Stadtviertel das Provinzial-Gefängnis als Ziel an. Sie sollten sich nicht geirrt haben.

Vor dem Lastzug öffnete sich das schwere Tor des hoch ummauerten Baues. Im Hof hielt der Wagen. Nichts rührte sich. Nur die Posten saßen ab, rauchten und gähnten. Wie gerne wären wir aufgestanden, der Unsinn des Wartens quälte besonders. Wie die Knie schmerzten, die Schenkel, die Hüften. Auch die Füße, auf denen die Vordermänner saßen, waren abgestorben. Man starrte flach und müde; in sich zusammengesunken schloß man die Augen. Als ein weiteres Fahrzeug neben uns vor dem Tor hupte, wurde geöffnet. Ein zweiter Lastzug mit Anhänger fuhr in den Hof, Offiziere stiegen aus und begaben sich ins Verwaltungsgebäude. Fragen von Wagen zu Wagen "Woher kommt Ihr?", "Was wir wohl hier sollen!?"

Nach einiger Zeit erst wurde die hintere Klappe geöffnet und langsam stiegen die Steifgewordenen mit schmerzenden Bewegungen ab. Sie rieben sich die Glieder, dehnten und schüttelten sie und, beklommen in Vorahnung des Kommenden, betrachteten die Angekommenen die hohen, roten, glatten Ziegelmauern der Gefängnisfronten mit ihren unzähligen kleinen vergitterten Fensterchen.

Die Autos fuhren hinaus, zurück in unseren Heimatbezirk. Ob sie daheim schweigen, wohin sie ihre Fracht führten? Nun wird jede Verbindung mit den Angehörigen erschwert sein. Wir werden einzeln zur Aufnahme unserer Personalien in die Büroräume gerufen, wo man auch unsere Habseligkeiten notiert. Wieder muß allerlei abgegeben werden gegen eine Quittung. Dann betreten wir den Lichthof eines Zellenbaus, den direkt über den Köpfen ein Maschendrahtgeflecht überdeckt. Schnell erfolgt die Aufstellung in Sechserreihe. Und je sechs werden von Gefängniswärtern zur Zelle geführt.

Ich werde mit fünf Unbekannten zusammen zum zweiten Stockwerk hochgeleitet und eingeschlossen. Wir sprechen uns aus über unsere Lage, unser Herkommen und unsere Hoffnungen, machen es uns recht und schlecht bequem. Wäsche, Mäntel und Decken hatte man uns gelassen. Mancher besitzt noch Staunen erregende besondere Kostbarkeiten, wie Bleistift und Kamm und Spiegel. Noch am gleichen Abend schor man uns die Köpfe kahl, was viel Heiterkeit auslöste.

Sechs in einer Zelle

Die Zelle nimmt zu normalen Zeiten einen Menschen auf. Eine Waschschüssel und Wasserkanne, eine Klappmatratze, ein Tischchen, ein Hocker, Wandschrank und der Aborteimer genügen für ihn. Aber nun müssen sich sechs Köpfe in die zweckmäßigste Ausnützung des Gegebenen hinein denken. Wir untersuchen alles, auch die Inschriften an der Wand. Die Stunden des Nachmittags erlauben ein eingehendes Betrachten der Kritzeleien im Wandputz. Da sind Kalenderreihen und Strichsäulen derer, die ihre Tage zählten, Reime und religiöse Ergüsse, sehnsüchtige Worte an Frauen und Kinder gerichtet und Fratzen. Das wichtigste scheint uns ein Wort: "Rommelverwandte im Kittchen!" So leben wir in einer historischen Zelle, offenbar eine Frauengefängniszelle, in die eine Familienangehörige des erfolgreichen Feldmarschalls eingesperrt gewesen sein mag.

Wir können es nicht unterlassen, den Stuhl ans Fenster zu rücken, um die Aussicht festzustellen. Im Hinterland der Gefängnishofmauern liegen Kleingärten, auf den Gefängnismauern sind Wachtürme, die mit Posten besetzt sind. Stangenbohnen und Gemüsebeete, Holunderbüsche und Obstbäumchen, kleine Lauben und Bänke vor Blumenbeeten bieten ein spätsommerliches Bild. Hinter den Gärten führt eine sehr rege befahrene Eisenbahnstrecke. Die Regelmäßigkeit der Züge verkürzt die kommenden Tage. Und die Betrachtung der Züge, Menschen und Frachten füllt die Gedanken. Das Leben in der Zelle wird durch die Mahlzeiten, die allmorgendliche Waschung und Zellenreinigung und den Hofspaziergang eingeteilt. Wir finden uns bald mit allen Unbequemlichkeiten des Hockens, Liegens und beschränkten Bewegens ab.

Nach einigen Tagen wird alles zur Gewohnheit. Sechs Männer kennen einander. Die ersten Gespräche sind unterhaltsam und von einer gewissen, angenehmen Spannung erfüllt. Der älteste von uns, Peter Guhl, war Schiffsbauingenieur gewesen. Er kann das meiste erzählen, denn er hatte die Welt gesehen. Seine schönste Erzählung ist die Schilderung des Feldzuges unter v. d. Golz in der Türkei, den er auf einer höheren Kommandostelle miterlebt hatte. Ein Straßenwärter beschreibt uns anschaulich die Kunst des Obstbaumschnittes. Ein Elektrokaufmann füllte lange Zeit mit Darlegungen von Großprojekten aus, wobei es Peter Guhl versteht, durch geschickte Fragen immer tiefer greifende Erläuterungen hervorzulocken.

Willy Holl schien mir damals der Bedeutendste unter uns. Er war ein etwas derber kleiner Geselle mit durchfurchtem Gesicht, dem die Krähenfüße um die Augenpartie etwas Merkwürdiges verliehen. Sein Dialekt verriet Sorglosigkeit, die sich auf die Zuhörer übertrug. Was er uns zu erzählen hatte übertraf alles. Holl war Kupferschmied und wanderte 1928 nach Brasilien aus. Dort fand er in Blumenau Arbeit in einer Schokoladenfabrik. Seine ursprünglichen Kenntnisse erweiterten sich so, daß er die Metallarbeit an Röhren- und Rührwerken anderen überließ und sich der Pralinen annahm.

Seine Schilderungen des Lebens in Blumenau, Joinville und Rio weckten in uns unendlich viele Bilder. Mich erregten die Schilderungen der Möglichkeiten persönlicher Entfaltung in der Weite Brasiliens. Holls Erzählungen waren frei von Prahlerei und Eitelkeit. Bedeutendste Tatsachen aus einem anderen Weltteile konnten mich so stark berühren, daß ich oft des nachts meine Lage überdachte und das Auswandern erwog, die Verantwortung für die Familie mit bedenkend.

Holl selbst hielt sich gern mit seinen Gedanken in der schönen Vergangenheit auf und bereute bitter, dem Rufe Hitlers, in die Heimat zu kommen, gefolgt zu sein.

Über den Klempnermeister und den Zuckerfabrikarbeiter ist wenig zu sagen. Der Klempner hatte das Glück, zur Arbeit in der Gefängniswerkstatt angefordert zu werden. So waren wir tagsüber fünf in der Zelle und hatten abends die Möglichkeit, von dem Zurückkommenden geringfügige Neuigkeiten zu erfahren. Daß er als Arbeitender die Benutzung der heruntergeklappten Pritsche zugebilligt bekam, nahmen wir hin. Wir breiten uns dicht aneinander liegend quer auf dem Zellenboden aus. Einer durfte sich die Schüssel unter den Kopf legen. Die anderen rollten Strümpfe und Wäschestücke zu einem Bündel zusammen, um sich etwas angenehmer zu betten. Wir hörten die Abendzüge vorbei rollen und die Rufe der Posten, die sich über lange Strecken von Turm zu Turm etwas zuschrieen.

Lang und beschwerlich war die Nacht. Man tat gut daran, den abends gebotenen Kaffee nicht zu trinken. Denn es war fast unmöglich, über die dicht Liegenden zum Deckeleimer zu gelangen. Diese Erkenntnis gewann man erst, nachdem man einmal alle Mitinsassen geweckt und sich aller Zorn zugezogen hatte.

Der Morgen begann mit Gepolter in der Nachbarzelle, wo einige "Kalfaktoren" wohnten, die als Putzer, Essenträger und Verteiler eine vorteilhafte Rolle spielten. Man weckte sie früher als uns, die wir uns nach dem Vorbeifahren eines Morgenzuges richteten und uns in genau festgelegter Reihenfolge wuschen und uns für den Tag herrichteten. Die Deckeleimerbenutzung als unangenehmes Ereignis zögerten wir bis kurz vor dem Augenblick der Zellenöffnung hinaus. Fegen und Wischen der Zelle war eine zeremoniell feststehende, allmorgendliche umständliche Handlung, die nur noch durch die Feierlichkeit der Mahlzeiten übertroffen wurde.

Durch die "Spion"-Öffnung in dem Eisenbeschlag der dicken Tür konnte man mitunter sehen, wie die Helfer von Zelle zu Zelle rückend das Essen ausgaben. Dieser Blick war uns nur dann gegönnt, wenn der Deckel, den wir beim Kaffee-Empfang nach oben stellten, nach dem Abschließen der Tür nicht von selbst herunter fiel und den Durchblick verschloß. Bei geschlossener Klappe konnte man nur die Geräusche des

Lichthofes zu deuten versuchen, etwa das Aufrufen und Verteilen Neuankommender, den Weg der Kontrollposten auf den Laufgängen und eisernen Treppen.

Der "Spion" war eine richtige Öffnung, die einzige Verbindung in das Innere des Hauses mit einem kleinen, auf die gegenüberliegenden Zellen gerichteten Blickfeld. Oft klemmten wir ein Strohhälmchen aus dem Pritschensack hinter das hoch gestellte Verschlußkläppchen, so daß wir den ganzen Tag die wenigen dürftigen Ereignisse vor unserer "Haustür" beobachten konnten. Als einer der Wärter diese geringfügigen aber unerlaubten Kunstgriffe mit dem Strohhalm entdeckte, bedrohte er uns und legte unser Betragen als einen schlimmen Verstoß gegen die Gefängnisordnung aus. Er entzog uns zunächst jedes Papier, aus dem, wie er wußte, die Gefangenen sich Spielkarten und Dame - Mühle - Plättchen hergestellt hatten. Diese Spiele nahm er uns auch ab, dazu zwei Bleistifte. In den nächsten Tagen besuchte er uns oft unerwartet, betrachtete die Wände und hieß uns alle Inschriften sauber zu entfernen. Eine Schere, um die wir zur Nagelpflege gebeten hatten, erhielten wir erst nach einer Woche. Ebenso wurden wir eine Woche mit dem Rasieren übergangen. Damit fielen wir beim täglichen Hofspaziergang auf.

Am Rande des Gefängnishofes waren einige Gemüsebeete angelegt worden; so oft wir das unbemerkt tun konnten, stahlen wir uns eine Porreestange oder ein Sellerieblatt, um es zur fade schmeckenden Suppe zu kauen.

Vor dem Ertappt-Werden, also ehe wir uns die Verschärfung zugezogen hatten, erlaubten wir es uns, vom Schemel aus den Zivil- und Militärverkehr zu betrachten: Erstaunliche Bilder der Verwandlung unserer ehrbaren Eisenbahn. Ich erinnere mich eines "Salonzuges", der eine hohe Persönlichkeit mit ihrem Stab beförderte: Zwei mit grünen Zweigen besteckte D-Zug Wagen, deren sämtliche Fenster mit üppigen Gardinen behangen waren; der Wind blähte und wedelte sie aus den Öffnungen heraus, daß die Wagen wie übersponnen erschienen. Zwischen den Fenstern zeigten bunte Plakate die führenden Köpfe der Siegermächte.

Dieser Anblick der aus übergroßer Unterwürfigkeit entstandenen Dekors hat mich lange beschäftigt. Wenn eine hohe verantwortliche Persönlichkeit einen solchen Bombast duldete, so gab sie ihre Maßlosigkeit und jede Unfähigkeit zur richtigen Selbsteinschätzung zu erkennen. Wenn den beflissenen Ausschmückungsgeistern noch Farbtöpfe und Silber- und Goldbronze in die Hände gefallen wären und oberbayerische Bierstubenfähnchen! Buntes Kreppapier! Warum hatten sie vor Beginn der Fahrt die Schienen nicht blank geputzt und die Schwellen mit weißem Sand bestreut! Und warum nicht zu beiden Seiten des Bahndamms potemkin´sche Despotenblumen gepflanzt?

Der Blick durchs Fenster war eine verbotene, aber jederzeit ablenkende, anregende Erbauung, die man sich nur selten schenken konnte, dann nämlich, wenn man die Aufpasser beschäftigt wußte. So sah man mit dem Reifen des Obstes den Sommer vergehen. Eines Tages wurden uns unbedruckte Postkarten und Stifte ausgeteilt, auf denen wir unsere Angehörigen um eine Winterbekleidungssendung bitten sollten. So, also geht es weiter! In den Winter hinein? Aber zur Weihnacht sind wir bestimmt daheim. Laßt nur die Heimatbehörde arbeiten!

Als die gewünschten Pakete eintrafen, wurde uns allen weich und wehe ums Herz. Obwohl alle Sachen gründlich durchsucht worden waren, fand sich hier und da in meiner Wäsche ein Zettelchen. Ich las den kleingefalteten Brief viele Male. Die wenigen Worte meiner guten tapferen Frau! Manch einem Gefangenen wurde das Paket zum Verhängnis: Gefundene Briefe brachten ihn in unangenehme Behandlung.

Entlassungsgerüchte

Nach einiger Zeit wurden mehrere hundert Namen frühmorgens aufgerufen und zu einem Transport zusammengestellt. Ein auf einem toten Gleis abgestellter Güterwagenzug hatte das Ereignis schon ahnen lassen. Die Fensterchen dieser Wagen wurden mit Stacheldraht vergittert. Wir konnten das Hinüberleiten der 50 Mann-Trupps, in denen sich meist drei bis vier Frauen befanden, beobachten. Eine starke Bewachung mit Hunden führte die Gefangenen zum Waggon, der schnell bestiegen, verriegelt und sorgfältig bewacht wurde. Es dauerte Stunden, bis etwa 10 Trupps zusammengestellt und verfrachtet waren. Die ersten mußten den ganzen Tag in der Sonne warten, bis die Überführung aller beendet war. Erst abends zog eine Lokomotive die Wagenreihe ins Unbekannte.

Wir, die wir uns nur mit uns selbst beschäftigen konnten, rätselten immer wieder, wohin wohl der Zug gerollt sein könnte. Es dauerte nur vier Tage, bis derselbe Zug wieder erschien. Wider Erwarten wurden etwa sechs Männer heraus geleitet und ins Gefängnis zurückgebracht.

Durch unseren Klempner, der einige Kleinigkeiten erfahren konnte, hörten wir, daß der Zug in Bautzen gewesen sein sollte. Welch herrlicher Trost! Endlich etwas "Genaues"! - von einem "Entlassungslager". Dieses Zauberwort beschäftigte uns: Es enthielt viel Phantasiestoff; viele erregende Schicksalserwägungen konnte man an dieses Wort anknüpfen, viele „ob“ und „wie“, „deshalb“ und „bis dann“, und „wenn, dann aber“! Wir sahen wieder eine Zukunft, eine bessere, glückliche.

Wir sprachen wieder von Gärtchen, von Blumen und Kindern, von unseren Frauen. Wie wollten wir immer in der Freiheit alles lieben! Blumen, Tiere, Sonne und Gewässer, den Wald und die Hügel; Türme, Theater und Musik. Aber erst müssen wir eben ins Entlassungslager!

So ein fester Plan! Er führte uns wieder dem Leben zu. Von wem kam der Plan? Man fragte nicht! Wir riefen auf dem Hof einander kurze Worte zu. Hoffnung beseelte jeden. Die Blicke wurden heiter. Eines Tages werden auch wir aufgerufen werden. Richard Kersten, Kurt der Uhrmacher und Ihr anderen alle! Bruno, alter Junge! Wir werden auch bald abtransportiert werden. Warten wir! Warten! Und eines Morgens geschah es: Sämtliche Zellentüren wurden geöffnet. Alles war gespannt: Wachmannschaften standen unten im Erdgeschoß. Das Aufrufen der Namen begann: Fast alle aus unserer Stadt waren sie dabei, die schon auf dem Auto zusammen waren. Nur wenige blieben zurück! Warum wohl? Wer weiß, warum auch jene sechs vom ersten Transport zurückkamen. Zwei von denen sind übrigens heute dabei. Wir fragen sie nach Einzelheiten und hören von Torgau als dem damaligen Ziel. Wir glaubten, daß sich nun das Hinausbringen und Verladen schnell abspielen würde.

Aber Stunden vergehen. Wir standen und hockten den ganzen Vormittag und den halben Nachmittag noch im unteren Flur. Es war keine unangenehme Zeit. Wir hatten wochenlang nicht aus dem Kreise der Zellen-Mitbewohner heraustreten und mit jemand anderem sprechen können, jetzt ließ man alle durcheinander spazieren. Von den wenigen Frauen und Mädchen in ihrer heiteren Zuversicht ging etwas Belebendes und Ermutigendes auf uns alle über. Es gab in dieser großen lärmenden Versammlung noch eine Gefängnismahlzeit, deren Knappheit, die wir ja alle gewohnt waren, im Gespräch viel weniger als sonst in der Zellenstumpfheit beachtet wurde.

Am späten Nachmittag erst wurden wir einzeln zum Büro gerufen, wo man uns die hinterlegten Gegenstände aushändigte. Von dort aus leitete man uns in einen schmalen Vorhof. Hier warteten Wachsoldaten auf uns und begannen mit einer sehr gründlichen Durchsuchung: Schals, Riemen, Schlipse, Fäden, alle Metallgegenstände, Gläser, Büchsen, Bleistifte und Papier und Papierreste flogen auf einen Haufen an der Mauer. Erstaunlich, was man trotz der bereits einmal erfolgten Durchsuchung noch abzustreifen hatte. Was hatte man im Berufsleben und als Soldat nicht alles zu jeder Stunde nötig gehabt! Welche Kleinigkeiten erschienen einem da wichtig. Was alles pflegte man da, und nun wurde mit polizeilich geschultem Urteil aus Gründen der Vorsicht und des Mißtrauens alles, was hätte zu einem Ausbruchsversuch, zur Flucht oder nur zu Mitteilungen und irgendwelchen Lockerungen dienen können, in strengem Verfahren ergriffen und verworfen.

Der Berg der Utensilien wuchs. Man ließ uns Wäsche, Kleidungsstükke, Decken, Brieftasche, Geld, Tasche und Fotos. Sonst nichts. Dr. W------- (Name im Manuskript leider unleserlich, Anm.) mußte wiederholt vorübergehende Offiziere und endlich einen Dolmetscher ansprechen, ehe er seinen Krückstock zurück erhielt.

Nach dieser Prozedur des "Flöhens" zählte man uns mit der Namensliste in Trupps zu 50 Mann ab und warf uns aus einem Karton vier Brote und ein Paket Leberwurst zu. Dann nahmen uns Posten mit Hunden in die Mitte und führten uns durch das Tor durch die Gärten daneben weg zum Zug, den wir von unserer Zelle schon kannten. Vor uns waren schon mehrere Waggons so gefüllt worden. Da wir etwa in der Zugmitte einsteigen mußten, wurde mir klar, daß der Vorgang sich noch lange hinziehen würde. Die Zeit bis zur Nacht verbrachten wir mit der Verteilung des Brotes und der Wurst. Im Dämmerlicht des Wagens wurde nach langem Diskutieren ein Weg und eine Art gefunden, die von allen als gerecht und den Umständen gemäß als praktisch anerkannt wurde. Hatte dort jemand ein Messerchen und ein anderer einen kostbaren Konservenbüchsen-Blechdeckel? Mit diesen Instrumenten ließen sich die Portionen teilen. Dieser feierliche Vorgang wurde von allen Augen teilnehmend überwacht.

Im Waggon

Indessen rückte jeder, so gut er konnte, zusammen, um mit dem Rücken einen Halt an der Wagenwand zu finden und die Beine ausstrecken zu können. Zwei Frauen waren bei uns. Ihre Namen wurden schnell bekannt, zumal ihnen die Tränen gekommen waren, als die Posten nach dem Einsteigen die Wagentür zuschoben. In diesem Vorgang wirkte die Ungewißheit des Zieles ebenso niederdrückend wie schon ein Vergleich unser aller Vergangenheit mit der gegenwärtigen Enge.

Einst waren wir freie Menschen, Vater oder Mutter in selbst gestalteter Umgebung in einem auskömmlichen Beruf, jedoch mit einer politischen Meinung behaftet, die nun genügte, um uns, so wie man Tiere verfrachtet, rechtlos, von Hunger, Durst und seelischer Qual gepeinigt, in vernagelten, streng bewachten, dunklen Güterwagen irgendwohin abzuschieben, um eine Strafe abzubüßen. Das bittere Gefühl des Gestraftseins kam uns allen, als wir die scharfen Wachhunde um uns herum sahen. Die Gewissenhaftigkeit der Bewachung erkannten wir, als die Letzten beim Ersteigen des Bahndamms abrutschten und so der Trupp auseinander zu reißen drohte, da ja die ersten von uns im Bemühen, im Waggon einen günstigen Platz zu erhaschen, ihre Schritte etwas beschleunigt hatten. Da hatte ein Offizier, dies bemerkend, erregt dreimal „Halt! Halt! Halt!“ geschrieen und laut gepfiffen, so daß alle wie erstarrt standen und den Abgerutschten hoch geholfen werden konnte.

Und das Einsteigen glich mehr einem Hereindrängen der Gefangenen durch die halbkreisförmige, sich schließende und sich verengende Postenkette. Man kannte hierbei die Erfahrung eines oft vollzogenen Manövers, bei dem kein Kommando fiel. Die Posten hatten übrigens nach dem Schließen der Türen mit Holzklopfern die Bretterwände des Waggons rundum überprüfend beklopft, ein Dröhnen, das auch von den Nachbarwagen, die allmählich alle besetzt wurden, in bestimmten Zeitabständen noch oft zu hören war. Auch in der Nacht während der Aufenthalte des Zuges auf unbekannten Stationen sollte sich aufregendes Klopfen wiederholen und uns aus dem trostlosen Schlaf aufwecken.

So hockten oder standen wir nun im Waggon, als die Portionen geteilt und mit einem Stück Papier einem jeden ausgehändigt waren und hatten das Gefühl, von einer eingespielten, geschulten, erfahrenen Wachmannschaft umgeben zu sein. Besonders das Gebell der Hunde wirkte auf uns niederdrückend. Solche scharf dressierten großen Bestien setzt man nur gegen schlimmste Verbrecher an, oder wenn es gilt, besonders wichtige Personen mit größter Sicherheit zu bewachen. Traf das auf uns alle zu? Sicherlich waren wir wichtige Pfänder in der Hand unserer Sieger! Geiseln?

Allerlei Vermutungen wurden geäußert. Aber nach allem hin und her des Erwägens und Deutens der Lage siegte die Zuversicht. Das kann alles nicht lange währen! Hatte man doch schon im Bezirksgefängnis einige zurückgelassen, offenbar um sie nach Hause zu schicken. Und wir werden bald ebenso nach Hause geschickt werden. Immer wieder kommt nach allen begründeten Zweifeln die Hoffnung hervor. Ein Verzagen würde auch sicherlich unserer Natur geschadet haben. Denn eine seelische Verkrampfung aus Gedankengängen der Verzweiflung heraus, aus der Absage an alles Leben, aus dem Verzicht auf alles Zukünftige und über unsere Gegenwart Erhabene hätte in den unermeßlich langen Stunden des eingepferchten Hockens im hart rollenden, laut polternden Waggon bei immer zugleich schwüler Luft, ohne Bewegung und jegliche Anregung der Körperfunktionen infolge der Depressionen und Stauungen sicherlich körperliche Schäden hervorgerufen. Es waren ja auch recht alte Herren unter uns: Berthold, Großkaufmann, 67 Jahre und Wiegand, Textilwarenhändler, 65 Jahre alt.

Nach dem Meinungsaustausch, der allen im Waggon sichtlich gut tat, da es die erste Gelegenheit zu einer längeren Aussprache seit vielen Wochen im größeren Kreise war und unter Menschen stattfand, die einander vorher gar nicht oder ungenügend gekannt hatten, veränderte sich die Stimmung. Mit der Hoffnung war eine fühlbare leichte Heiterkeit über uns gekommen, wozu auch der Genuß der mit Wurst bedeckten Brotstücke beigetragen hatte.

Man begann wieder, den Schatz der Erinnerungen auszukramen: Der Brunnenbauer neben mir erzählte von seinem alten Meister. Nur Weniges davon blieb mir bis heute im Gedächtnis: Der Alte arbeitete eines Tages im Park des Grafen von H. im Schlamm eines tiefen Brunnens, über sich das Haspelzeug. Er hörte, wie oben am Brunnenrand der spazierengehende Graf einen Gesellen ansprach: "Ist doch eine mühevolle Arbeit! Wie? Könnte man das nicht besser so und so, schneller und ohne diesen gefährlichen Aufzug machen?" Der Alte hatte den Grafen wohl an der Stimme erkannt, sah sich aber unten in seiner dunklen Tiefe als Meister herausgefordert und zu der groben lauten Äußerungen berechtigt: "Was ist denn das wieder mal für ein gottverdammter Klugscheißer da oben!" Der Graf ward nie mehr am Brunnen gesehen.

Vom Bohren der hölzernen Brunnenröhren und den Zwischenfällen der mannigfaltigen Bauarbeiten konnte er lange erzählen. So auch die Geschichte von der eingeschlossenen Mamsell. Als im Hauskeller des

Rittergutes N. der versiegende Brunnen vertieft werden mußte, ergab es sich, daß eine Mamsell sich sehr für ihn, den Gesellen, interessierte. In jenen Tagen wurde das Frühstück nicht nur durch eine "überzählige" Konservendose fetter, sondern durch die Liebesgabe der Mamsell, die öfter als sonst in das Kellergewölbe herunter stieg, umfänglicher. Diese Liebesbeweise wurden von Meister und Gesellen angenehm empfunden, aber wie sich zeigen sollte, nicht recht gewürdigt. Als am letzten Arbeitstag das Fräulein, der sommerlichen Hitze wegen nur leicht bekleidet, gerade in dem Augenblick im Keller erschien, als der Meister das Handwerkszeug schulterte und die Treppe hinauf stieg, streifte er ihr die weiße Schürze mit einer seiner derben schmutzigen Hände; ihr kam im Keller der Gedanke, daß nun jede der Mägde oder auch sogar die Herrin, die ihre allzu häufigen Gänge in den Keller längst bemerkt hatte, Grund hätte, sie ihrer Narrheit wegen zu verlachen.

Der Alte verschloß in einer schelmischen Eingebung hinter sich die Kellertür und sperrte so Mamsell und Gesellen zusammen ein. Der Gesell jedoch rüttelte bald von innen und wurde herausgelassen. Merkwürdigerweise trug er die von seiner Hand noch mehr verschmutzte Schürze, die er unter die Stufen der Haustreppe schob.

In diesem Augenblick stieg draußen der Amtmann vom Pferd und fragte gutgelaunt nach dem Brunnen. Er sei gerade fertig. Herr Amtmann können ja mal nachsehen. „Ja gern!“ – Meister und Geselle waren im Begriff ihre Räder zu besteigen als Frau Amtmann aus der Küche kommend, ebenfalls nach dem Brunnen fragte. Auch sie stieg in den Keller: „Adelheid! So, aha, das genügt mir um ...“ konnten die beiden noch hören. Dann erschwerte ein saftiger Wortwechsel das Verständnis der Einzelheiten einer Verdächtigungskomödie.

Bruno Sch. als Chemiker berichtet darauf von Trinkwasseranalysen und seiner Tätigkeit als Sachverständiger vor Gericht. Und Richard führt uns nach China, wo man offenbar noch wenig von Chemie und Hygiene hielt. Draußen beginnt es zu regnen, das Dach des voll belegten Waggons ist undicht. An mehreren Stellen tropft es auf die schimpfend beiseite Rückenden.

Erinnerung und Gegenkraft

Dies erinnerte mich an eine ähnliche Lage während der ersten Tage der Gefangenschaft nach dem Zusammenbruch der Front im Mai 1945. Tausende von Soldaten aller Waffengattungen trieben die Sieger auf einen großen, frisch mit Dung bestreuten Acker, dessen Ecken und Seiten Panzerwagen bewachten. Nach langem Marsch ermüdet, zögerte dennoch jeder, sich auf den Mist zu setzen. Allmählich wurden mit Stöcken kleine Flecke gesäubert und einzelne findige Soldaten zogen aus, um sich im Nachbargehöft Stroh zu holen.

Stroh war bald nicht mehr zu haben. Man begann die Strohbündel aus einem Schuppen oder Stalldach herauszuzerren. So wie im Wald die Fichtennadeln auf einer Ameisenstraße zum Bau wandern, so schob sich ein Strom von Stroh schwer und langsam, jetzt ein Strom von schwankenden Stalltüren, Giebelbrettern, Blechteilen ununterbrochen vom Hofe zum entstehenden "Lager", wo man sich Hütten und Zelte aus Decken und Fetzen herrichtete, aus allem, was sich fand. Höhlen, Kuhlen und Mulden wurden ausgegraben, -gekratzt, -gewühlt, Wälle aufgeworfen und mit Gesträuch, Stroh, Betten, Blech oder Sacktuch bedeckt. Der Stall, die Scheune, der Schuppen waren nachmittags noch stattliche, behäbige, mecklenburgische Bauten. Abends waren sie skelettiert, abgedeckt und aller brauchbaren Materialien beraubt; als ob gieriges Raubzeug sie benagt hätte. "Jetzt sind die ersten auf der Dreschmaschine! Da bringen sie bereits die rötlichen Bretter vom Dreschplatzausleger. Wie sie klopfen und Schrauben! Stalltüren und Läden sind vergriffen." Und die Bretter der Dreschmaschine begannen sich zu lösen und wanderten. "Dort tragen Sie eine Badewanne!" So entstand in wenigen Stunden das bunteste, regelloseste Lager, das wir je erlebt hatten.

Ich selbst lag mit dem ehemaligen Fernsprechtrupp unter einer großen alten, aber schützenden Plane auf einer Gras- und Schilfunterlage. Wir beobachteten die Vorgänge und machten einander auf die Merkwürdigkeiten des Abends aufmerksam, bis der späte, schwüle Abend uns den Schlaf brachte.

In der zweiten Morgenstunde brach mit Sturm und Platzregen ein Gewitter los. Plötzlich war der riesige Platz der notdürftig vorbereiteten, in keiner Weise wetterfesten Lagerstätten zu empörtem, heillosem, lautem Gebrüll erwacht, das sich in das Rauschen des unbarmherzigen kalten Regens mischte. Ohnmächtige, aller ihrer in jeder Kriegssituation verbürgten Hilfsmittel beraubte Männer schrieen wütend auf, um den Elementen zu wehren, laut fluchend, um eine Gegenkraft zu beweisen. Das Brüllen war weniger Hilferuf als eine unmittelbare Lebens-Äußerung. Man wollte sich im Dunkeln, im Schlamm der frisch gegrabenen Mulde selbst wieder lebend spüren.

Ich habe dies alles unter meiner Plane im Trommeln und Donnern des Regens mit Angst als Ausdruck menschlicher unendlicher Verzweiflung erlebt und versuchte jetzt im Waggon, jene Schreckensnacht so zu schildern. Sei es aber, daß unsere jetzige Lage uns weit schlimmer erschien, sei es, daß ich im Erzählen einige Tatsachen gesteigert vorgetragen hatte, ich wurde oft durch offenes nachdrückliches lautes Lachen unterbrochen, was mich anregte, uns Erbärmlichen noch mehr zu Heiterkeit zu verhelfen.

So schilderte ich noch, wie es mir gelungen sei, am Morgen bei einem Gang durch das schlammige, aufgeregte Feld die beiden Insassen der mit ihrer Badewanne bedeckten Kuhle zu finden, die sich auf dem Wannenbuckel in der Sonne sitzend trockneten und den Schlamm von den Kleidern schabten. Diese breit erzählte Geschichte mochte alle im Waggon etwas berührt und ermuntert haben. Noch lange fragte man nach Einzelheiten und trug, das Verhalten der führerlosen und mittellosen Soldaten mit Verständnis bestätigend, aus eigener Vergangenheit noch mehr seltsame Stücke ähnlicher Art bei.

Nach Sibirien?

Das Tropfen durch das Dach und die auf dem Wagenboden breit laufenden Pfützen erschien uns wohl weniger schlimm. Es gab Schlimmeres, wie man sich nun deutlich machte. Das beginnende Rollen des Waggons überließ jetzt jeden seinen eigenen Gedanken. Wohin bringt man uns!? Es gibt nur noch wenige Flußbrücken. Das Donnern von Brücken, auch der Krach beim Überfahren von Weichen könnte uns, wenn wir streckenkundig wären, unseren Fahrtverlauf anzeigen. Wir konnten nur Vermutungen anstellen.

Ich spürte jedoch seit langem schon im Rücken einen unangenehmen kalten Luftzug. Als ich die Stelle der Holzwand betastete, fühlte ich ein splitteriges Holzstück, das sich federnd etwas lösen ließ. Der Splitter brach aber ab. Hier könnte man ein Loch bohren! Dieser Einfall beunruhigte mich. Und da die Finger nichts vermochten, beriet ich mich mit dem Nachbarn und dieser, ein Schulmann aus dem Spreewald, fragte seinen Nachbarn und dieser den nächsten. Und so fand sich eine Nagelfeile. "Aber bestimmt zurückgeben! Kein Aufsehen machen!" Der Zug hielt oft. Bei jedem Halt schlurften die Posten am Zug entlang, klopften mit dem Holzhammer an die Wände, drohten mitunter. Da wäre das Feilen gefährlich gewesen.

Während der Fahrt bohrte und schabte ich und konnte bald, wenn ich das Auge dicht an die Wand drückte, die vorbeifliegende Landschaft beobachten und war glücklich, als ich die Bahnhofsnamen lesen konnte. "Wir sind in Oschatz, von hier gehen zwei Strecken nach Osten. Die eine führt über die Elbe. Und dann könnten wir jenseits der Elbe flußaufwärts nach Dresden geleitet werden. Geradewärts weiter, nach Rußland!" Wieder erwogen wir die Möglichkeiten. Ein Eisenbahner konnte Einzelheiten erläutern, wie wir doch noch nach Torgau gelangen könnten. Aber warum fahren wir dann einen solchen Umweg? Sicherlich sind hier und da Brücken gesprengt worden. Also rollten und hielten, warteten und rollten wir. "Riesa!" Jetzt die Elbbrücken - jetzt Weichen, wieder Weichen, - rechts biegen Gleise ab - also wir rollen geradeaus. Mir wird bange. "Da, es geht nach Osten!" "Abwarten!" Aber ich hatte wenig Hoffnung mehr auf Torgau! Es ist klar, was uns blüht: Sibirien!

Im Gespräch mit Wilhelm Winter versuche ich mich zu trösten. Ich möchte dem Osten, der Zwangsarbeit nicht innerlich unvorbereitet gegenüber treten. Er hat einen Sohn verloren, der zweite ist noch vermißt. Das hat ihn mehr gehärtet als mich, der ich meine drei Kleinen noch zuhause weiß. Aber sich nun dem Nichts gegenübergestellt sehen, der Willkür der Wächter ausgeliefert sein, ist auch ihm ein seltsames Gefühl. Doch es ist noch nicht so weit. Wir rollen durch eine weitere Nacht und spüren, wie wir eine kurze Strecke rückwärts fahren. In der Morgendämmerung hält der Zug. Ich wage nicht zu spionieren, da draußen viele Posten laufen, deren Hunde man hecheln hört. Wir hören auch, wie eine Lokomotive, sicherlich unsere, an uns vorbei zurückfährt. Sie kommt wieder. Also soll hier etwas vorgehen.

Wir hören auch, wie die Waggons einzeln geöffnet werden. Nur das tägliche Austreten. Dieses tut unserem Darm weniger Not als der gesamten Konstitution. Wir freuen uns auf frische Luft, Morgenluft, Waldluft, auf Himmel über uns, auf Gras, Farnkraut, Laub, duftende Kiefernnadeln. Wir kommen an die Reihe und bewegen uns im umstellten Halbkreis, den auch unsere beiden Frauen nicht verlassen dürfen. Wir sehen, daß von Wagen zu Wagen den ganzen Zug entlang ein Telefondraht läuft. Immer wieder kommt uns das Bewußtsein unseres Wartens als Gefangene.

Einige Soldaten, offenbar Offiziere, entfernen sich, gehen lange Zeit an den Schienen entlang, dann rechts ab. "Es scheint hier schon etwas zu beginnen!" Wir müssen jedoch wieder einsteigen. Einem von uns wird die Jacke abgeknöpft. Andere Waggons werden gelüftet. "Ihr bald nach Hause!" hatte wieder einer der Posten gesagt! Aber warum sagt er so etwas! Will er sich beliebt machen? Oder will er uns von Fluchtgedanken abbringen? Das wäre ja hier im Wald - - -! Aber die Hunde! Gefährliche schwere Wölfe.

Sicherlich wissen die Posten, daß wir unbedeutende Größen sind. Sie müssen nur alle nach strenger Vorschrift behandeln. Und das tun sie. Sie werden ja selbst überwacht. Es wird warm im "Gehäuse". Wir dösen. Hunger und Durst machen uns matt und gleichgültig. Heute wird es ja wohl etwas zu essen geben! Wir werden wohl ausgeladen werden. Es mußte etwas geschehen! Die Sonne strahlt und rollte über dem Dach. In den Nachmittagstunden werden wieder Waggontüren geöffnet. Aber wir hören wieder das "Einsteigen!"

Vom Nachbarwagen kommen die Wachen: Endlich was zu trinken! So scheint man uns doch nicht quälen zu wollen. Wir kommen dran. Mehrere Soldaten tragen Milchkannen voll Wasser über die Gleise aus dem Meldehaus. Einige Konservendosen, die sich dann fanden, scheinen uns wie edelste Bergkristallgläser, das Wasser wie herrlicher Sprudel. Man kommt sogar zweimal dran! Beim Einsteigen bleibt die Tür eine kleine Spanne weit offen! Da können wir reihum von innen alle mal in den Wald blicken. Zwischen den Stämmen hindurch kann man schwach eine niedrige Fabrik, schornsteinlos, langgestreckt, erkennen.

Jemand hat einen Taschenspiegel und hält ihn ein wenig hinaus, um nach vorn und hinten spiegeln zu können. "Jetzt sind sie fertig mit Tränken!" Die Posten kommen zurück. Sie verteilen sich am Zuge entlang und setzen sich ins Gras, rauchen. Der Spätnachmittag vergeht. Am Abend schieben sie alle Türen wieder dicht zu. "Schlaffen! Alles Schlaffen!" Gut. Wir "schlaffen" die dritte Nacht auf einer Strecke, die man in normalen Zeiten in sechs Stunden durchfahren hätte. "Schlaffen!" Der Schlaf wird uns mit Holzklopfern eingehämmert; wieder den ganzen Zug entlang.

Paul Weisshuhn, in Staßfurt, 1937-40.

Als Referendar trat er aufgrund politischen Drucks in die SS ein, wurde aber kurz darauf aufgrund einer Befehlsverweigerung von allen nationalsozialistischen Verbänden ausgeschlossen.
Als Modellbaulehrer war er in Staßfurt von 1937 bis 1940 im Fliegercorps tätig. Erkennbar das Segelflieger-Abzeichen mit einer Schwinge „A“ (Alleinflugreife). Vier seiner fünf Kinder taten ihm dies später im jeweiligen Jugendalter nach!

Teil 3: Isoliert

Ich werde wach, da es schon wieder schön warm wird. Ich äuge durch das kleine Loch. Draußen scheint die Sonne. Neben uns rollen selten Züge vorbei. Mittags Befehle, Schimpfen, Gebell. Der Lärm kommt langsam näher. Wieder wird ausgeladen und wir sehen die bereits ausgeladenen Kolonnen neben dem Zuge sitzen. Wir werden auch da hingeführt und müssen uns setzen. "Alle sitzen!" So haben die wenigen Posten den besten Überblick! Keiner darf sich aufrichten! Das Ausladen dauert nicht lange. "Aufstehen!" Es geht los! Wir laufen nicht allzu schnell, damit die Kolonne nicht auseinander reißt. So ist Zeit, sich während des Gehens zu bücken nach einem Gras oder Kraut. Hasenklee und Hasenpfötchen nahm ich mir mit und Spitzwegerich, um irgend etwas in der Tasche zu haben. Es sind immerhin Heilkräuter.

„Entlassungslager" und Zuversicht

Wir kamen in die Nähe der langen Hallen und sahen, daß sie rundum mit einem Drahtzaun umgeben sind, und daß sie erhöhte Postenstände an allen Ecken und Seiten haben: Ein Lager. Unser Lager! Also das ist das Entlassungslager! Oder Durchgangslager nach Sibirien! Endlich! Nur gut! Man ist gespannt und blickt hinüber. Da sind sie bei Gartenarbeiten. Sie graben und gärtnern. Da gehen sie spazieren. Sie sitzen in der Sonne. Das kann nicht schlecht sein da drinnen. Gespannt sind wir. Es scheinen noch nicht viele drin zu sein. Naja, Durchgangslager. Die werden bald wieder raus dürfen. Die Heimatbehörden werden das klären, wer ein Verbrecher gegen die Menschheit ist. Das geht schnell. Da dreht sich hoch über den Baracken eine Windturbine; nicht schlecht das Ganze! So breit und geräumig angelegt. Viel angenehmer als im Gefängnis und im Waggon. Das ist ja eine Erlösung. Da halten wir es die paar Wochen aus! Weihnacht wollen wir zu Hause sein. Richard, Bruno, Kurt! Weihnachten können wir was erzählen. Das Schlimmste liegt hinter uns! Ich bin ja gespannt! Der Hunger ist vergessen. "Siehst du die Kolonne mit Badezeug? Sie trocknen ihre Handtücher über der Schulter in der Sonne." "Baden kann man da!"

Das Tor ist erreicht. Doch man führt uns etwas weiter, einige hundert Meter seitlich weg von den Wachtürmen des Haupteinganges zu wenigen Steinbaracken. Auf einem freien Platz setzen wir uns, wie befohlen und gewohnt, ein jeder lehnt sich gegen sein Bündel oder Beutelchen. Wir blicken einander aufmunternd an. Es erscheint nach langer Zeit ein Dolmetscher und ruft die Namen auf. Jeder Angesprochene tritt zu einer neuen Gruppe, die wieder sitzt und wartet, bis alle Namen aufgerufen sind. Sechs oder sieben bleiben übrig; sie blicken bange um sich. Denn sie bleiben zurück, als wir, Frauen und Männer getrennt, zu einer Steinbaracke geführt werden. Gruppenweise zu je zehn treten wir ein, werden dort von deutschen Ärzten gesundheitlich befragt und kurz untersucht und dürfen nach Läuseprüfung uns wieder anziehen.

Draußen hocken wir wieder auf einem Platz, bis ein anderer Dolmetscher kommt und folgende Fragen stellt: Wer hat kein Bettzeug!? Die Zahl wird festgestellt und notiert. Wer hat kein Handtuch? Feststellungen und weitere Fragen folgen. Wir schließen daraus, daß man uns ganz gewissenhaft wie Gefangene behandeln wird. Jedenfalls machen diese Fragen einen guten Eindruck. Wir sehen hinter ihnen einen guten Hintergrund und fühlen uns um vieles gehobener. Nun marschieren wir zum überbauten Tor. Es öffnet sich und wir gehen hinein, ein Stück einer pappelbestandenen geraden Straße entlang, dann nach einigen langen Doppelbaracken links ab. Hinter der Baracke werden 250 Mann abgezählt und in die eine Hälfte des langen Holzschuppens hineingeführt: So einen Raum habe ich noch nie gesehen. Rundum an der Wand übereinander zwei Reihen von Brettern. In der Mitte ein Schornstein, zu dem von zwei Seiten lange niedrige Züge zu je einem Steinherd laufen. Der Boden ist Ziegelsteinpflaster, das flache Dach ist eine Bretterlage, von hölzernen Trägern getragen. Die zahlreichen Fenster sind recht klein. Wir stellen uns in geöffneter Ordnung auf, müssen das "Gepäck" öffnen, ausbreiten, alle unsere Taschen umstülpen, alles Eigentum vor uns ausbreiten. Ein Soldat geht durch die Reihen. Mit einem Stock wühlt er verschiedentlich in den Habseligkeiten einzelner, aber er scheint nichts zu bemängeln. Man hatte uns ja schon so gründlich durchsucht! Trotzdem gelang es uns schon wieder, einige Nägel und Blechstücke zu finden!

Lager-Organisation

Ein junger einarmiger Mann trat dann vor uns hin. "Kameraden, Ihr seid hier im Lager Mühlberg. Hier sind wir völlig auf uns selbst gestellt. Wir müssen bis zu unserer Freiheit einander helfen. Hier gibt es viele Kranke! Die brauchen vor allem Bettwäsche! Wer von Euch was übrig hat, wie Kopfkissen, Laken, Handtuch, Taschentücher, Strümpfe! Helft unserem Lager-Oberleiter und den Ärzten, das Los der Kranken zu erleichtern! Ihr werdet spüren, wie hier Kameradschaft das oberste Gebot ist. Wir müssen uns in allem selbst helfen. Ich bin der stellvertretende Oberleiter. Ich werde mich um Euch kümmern und jeden Tag hier einmal nach dem Rechten sehen. Ihr seid hier in der Baracke 26 a dem Ältesten Wendler unterstellt. Habt Ihr Sorgen, geht zu ihm hin. Jeden Tag ist Besprechung, wo wir gemeinsam beraten, was not tut. Von außen wird uns nichts gegeben außer Verpflegung." Er winkte einigen

Häftlingen mit Armbinden, die einsammelten, was uns überflüssig erschien. Ich konnte nur ein Handtuch abgeben. Es war jedoch ein ganz ansehnlicher Ballen Wäsche, der gesammelt wurde. Nun sagte uns Wendler etwas über seine Lagererfahrungen: "Es geschieht Euch nichts hier. Wir warten und müssen Geduld haben. Wir wollen alle wieder gesund nach Hause kommen. Ich genauso wie Ihr. Daher muß jeder dem anderen helfen. Rücksicht üben und sich einordnen. Unsere Bude muß sauber gehalten werden. Jeder fange bei sich an, auf seine Pflege u.s.w ...."

Wilhelm, Bruno, meine Waggonnachbarn, wurden Liegenachbarn, und darüber hinaus bekannte Gesichter aus dem Waggon, aus dem Gefängnis, aber wenige aus der Heimat. Morgen werden wir sehen, wo die stecken. Wir lagern auf den Brettern, die Jüngeren oben, die Alten in der unteren Etage. Oben gibt das Fenster Ausblick auf die Nachbarbaracke. 75 cm breit ist die Liegestelle. Man kann sich gerade umdrehen. Wendler verkündet: "Macht es Euch bequem, aber packt nicht alles aus. Zu essen bekommt Ihr heute nichts. Nur Kaffee ist noch da." Der wird geholt. - Oh - woraus sollen wir trinken?! Und morgen! Wilhelm, bleib hier. Ich gehe und frage draußen die, die schon länger hier sind, die Alten, wie das zugeht. "Eßgeschirr müßt Ihr Euch suchen!" Verflucht! Man hat uns die Aluminiumkochgeschirre im Gefängnis abgenommen! Nun sitzen wir da! Wo gibt es hier Geschirr?

Dort ist ein Teich, da liegen Konservenbüchsen und altes Blechzeug, da ist allerlei zu finden. Wilhelm und Bruno kommen mit. Der Teich ist belagert. Man angelt, wühlt und zerrt. Ich finde eine Petroleum-Stallaterne, breche biegend den Bügel ab und habe dann ein verschlossenes Gefäß. Wie kann ich das öffnen? Da stehen Zuschauer, alte Füchse. "Woher kommt Ihr, wo wart Ihr vorher?" usw. Man nimmt Fühlung und findet Beamte, Juristen, Bauern, Ärzte, Schaffner, Baumeister,

Stabsoffiziere in buntem Gemisch. "Ich suche einen Büchsenöffner." "Warte. Ich weiß einen." Und ich bekomme ihn: Der Behälter läßt sich gut öffnen. Ich bedanke mich und drehe im Sande, die Öffnung nach unten haltend, den Blechrand stumpf. Den Petroleumgeruch beseitige ich über einem offenen Feuer, wo jemand Kehricht verbrennt, und mit Asche und Wasser. Das Dings sieht ganz gut aus als Eßnapf. Wilhelm und Bruno haben Konservenbüchsen, die sie mühsam entrosten. Alte rostige Löffel kann man auch finden. Auch Blech ist genügend da. Hohl geklopft, an einen Holzstiel gesteckt, ergibt es auch einen Löffel.

Als es Kaffee gibt, sind schon viele Eßgefäße da. Welche Vielfalt: Da sind meist Konservenbüchsen, aber auch Stahlhelme, Emaillewannen mit Löchern, die, wenn man sie schief hält, gerade noch dreiviertel Liter fassen können. Dann Unterteile von Kannen. Bettschieber und Spucknäpfe. Beneidenswerte Besitzer solcher Kostbarkeiten. Ihr könnt wie Menschen aus flachem Gefäß essen! Wer nichts hat, gesellt sich zu einem "Stahlhelmer", dem werden zwei, ja drei bis vier Portionen hineingetan und reihum ausgelöffelt, wobei jeder der Hungrigen jeden anderen streng beobachtet. Es geht eben, wenn jeder einen gleich tiefen Löffel hat. Das erste Essen gab es am nächsten Tage, nachdem wir den Vormittag mit Säubern, Ausflicken der Bretter und anderem mehr verbracht hatten. Graupen in Wasser dick gekocht! Wunderbar, etwas Leinöl darüber. Wunderwunderbar! Dreiviertelliter. Ja, wenn man dann den ganzen Tag nichts zu tun braucht, hält man das eine Weile gut aus. Und 500 g Schwarzbrot dazu! Man sitzt in Gruppen auf Böcken, Brettern und Steinen, erzählt und diskutiert. Alle drei Tage soll es drei Löffel Zucker geben! Was für ein Leben!

Wer kann malen?

Am zweiten Tag meines Aufenthalts in dieser Baracke geschieht etwas, was für mein ganzes Leben entscheidend wird. Der ernstlich fürsorgliche Wendler ruft auf zur Verschönerung der Baracke. "Wer kann Bänke und Tische zimmern? Wer kann hier was malen?" Es melden sich viele Handwerker. Was bist Du? "Dekorationsmaler", "Bankbeamter", "Hast wohl einen Vogel", "Kunstmaler", "ja und Du?" "Bühnenmaler." Ich auch, ich auch. "So, Ihr Kerle, Ihr macht mal einen Entwurf und besprecht Euch, was hier an die Wände, besonders an den Giebel gemalt werden kann. Die Baracke wird erst geweißt mit Kalk, dann geht es los."

Es zeigte sich, daß die biederen Dekorationsmaler wenig Ideen über Dekorationsmalerei hatten, der Kunstmaler ebenso wenig. Und mir kamen verschiedene Einfälle. An den in der Mitte der Gesamtbaracke gelegenen Giebel wollte der Älteste einen kurzen Kernspruch geschrieben haben. Sache der Dekorationsmaler. Rechts und links male ich zwei Herolde, etwa so. Ich hatte auf Dämmplatte mit Holzkohle Skizzen gemacht, die ich vorlegen konnte. Daran merkte Wendler, daß ich mir zu helfen wußte. Pinsel gibt´s nicht! Ich hatte an der Front auch ohne Pinsel auf Geschütze und Lafetten Tarnanstriche gemacht und wußte Rat. "Also, Du führst die Gruppe und bist verantwortlich!" Das Anstreichen begann im Fourrierraum. Bruno gehörte selbstverständlich mit zur Gruppe. Wir kälkten alles sorgfältig und arbeiteten flott, so daß der Anstrich des "Waschraumes" erfolgen konnte. Was hatten wir als Pinsel? Holzstiele, um die mit Draht ein Lappenklumpen gewickelt wurde. Es ging!

Und daß es ging und schnell ging imponierte dem betriebsamen "Alten". Er spornte uns noch mehr an durch einen Krug voll Graupen, den wir gemeinsam auslöffeln durften. Wir fragten nicht nach der Herkunft dieser Spende. Die Hauptwand war trocken: Nun zeige, was Du kannst. Ich ließ mit Holzkohle ein über eine Leiter hängendes geschlachtetes Schwein, Metzger und Gehilfen und nach links weiter zwei Gehilfen, die ein widerstrebendes Schwein zum Schlachtfest zerren, entstehen. Dann rührte ich mir aus Ofenruß und Graupenschleim eine schwarze Farbe zusammen. Der "Pinsel" ließ sich gut handhaben. Die Zeichnung führte ich flächig, streng akzentuiert und ohne realistisch zu werden, überzeugend aus, so daß schon, als das Wandbild halb fertig war, der "Einarmige" als Zuschauer sich einstellte. Es sprach sich herum. Am Abend dieses Tages kam jener einarmige junge Mann mit der Armbinde vorbei, sah mir zu und sagte: "Du meldest Dich morgen um 10 beim Oberleiter und machst dort weiter!" Das fuhr mir ins Mark. Der Oberleiter, also der Lageroberste, ruft mich! Morgen! Der Barackenälteste ist stolz auf mich. Nach wochenlanger Bedeutungslosigkeit soll ich etwas gelten! Ich male abends das Schlachtfest noch fast fertig. Es wird besichtigt und besprochen. Der Alte weißbärtige Maler aus dem Erzgebirge, Professor Zenker besucht mich! Also hat man die Arbeit unter Fachleuten erwähnt, es war also ein kleines Ereignis, das durch das Fehlen anderer wichtiger Geschehnisse ein Mittelpunkt in unserem Universum geworden war.

Vergünstigungen

Der Oberleiter spricht bayrisch. Die Verwaltungsbaracke in der Lagermitte zwischen den beiden Großküchen ist kleiner als die Unterkunftsbaracken. Sie enthält einen Büroraum, Sprechzimmer und Wohnraum des Oberleiters und seines Stellvertreters. Diese Räume sind verbunden durch eine große Glasveranda, deren Längswand große Flächen bietet, die nur durch Türen unterbrochen sind. Haller wünscht, daß ein Schuhplattler-Paar dargestellt werde. „Und dann malst Du alles noch voll hier! Hast´ Hunger?“ Er schrieb mir auf einen Zettel eine Anweisung auf eineinhalb Essen!

Heute eineinhalb Liter dicke Graupen! Ohne daß ich einen Strich getan hatte! Eineinhalb Liter dickes Essen zum satt werden; satt sein! Dafür arbeiten, das muß das Glück sein! Arbeiten dürfen und satt werden. Viel dicke Graupen. Ich habe gestrahlt und suchte mir Dämmplattenreste und Holzkohle. Dann rückte ich mir einen alten Tisch an die Wand, kletterte hinauf, vergrößerte den Entwurf an der Wand, sprang wieder herab, trat zurück und prüfte. Wie man springen und zeichnen kann, wenn es Graupen gibt! Wie oft bin ich gesprungen. Jedes Mal rutschte mir die Hose. Jedes Mal mußte ich sie hochziehen. Das sah mein einarmiger Gönner. "Komm mal mit!" Er hatte den Schlüssel und betrat mit mir einen kleinen Lagerraum, in dem alle Schätze der Welt aufbewahrt wurden. Ich sah Geräte, Gefäße, Kleidungsstücke und allerlei Materialien. Ich durfte mir Hosenträger und Schnürsenkel heraussuchen. O, das tut gut! Die Hose sitzt wieder fest, die Schuhe schlappen nicht mehr. Ich bin wie verwandelt. Jetzt kann ich springen und mich bewegen wie in der Freiheit, wie daheim, so satt wie daheim. Ob meine Frau und die Kinder auch so satt sind?! Wenn sie nur wüßten, daß es mir jetzt so gut geht.

Werft Steine auf mich!

Abends bekomme ich wieder Sonderration. Und dazu noch die Verpflegung in der Kompanie. Ich begreife, wie gefährlich das ist. Bringe ich Essen mit in die Baracke, freuen sich die Beschenkten. Alle übrigen gucken, neiden und grollen heimlich. Ich merke, wie man mich mit anderen Augen ansieht. Wo gerate ich hin!? Was habe ich getan? Ich verriet die Hungernden. Werft Steine auf mich! Habe ich sie verraten, preisgegeben, das Unrecht, das uns allen geschieht, vergrößern helfen. Werft Steine! Wer wirft den ersten Stein? Bruno, Wilhelm, Kurt? Ihr, von denen ich mich tagsüber trennte, um zu arbeiten, denen ich dann abends berichten konnte, was alles an sonderbaren Hintergründen sich unter den Tausenden herausstellte, welche Grüppchen und Zirkel die Macht, die Aufsicht, die Leitung und Oberleitung an sich gebracht und unter Freunden so verteilt hatten, daß einer dem anderen kleinere Vorteile verschaffen konnte. Zunächst kleine Vorteile unscheinbarer Art. Mit den Jahren jedoch wurden diese Kleinigkeiten für die Erhaltung des physischen Lebens entscheidend.

Ich vermochte zuerst noch nicht klar zu durchschauen, wie sich ein solches Riesenlager selbst verwaltete und glaubte, daß alle Geschäfte in den Händen der Wachsoldaten lagen, die häufig in Trupps oder einzeln zur Leitung des Lagers gingen und mir dort beim Malen zuschauten.

Die Felder zwischen und über den Türen füllte ich mit Szenen aus den deutschen Landen, mit Hoch- und Mittelgebirgslandschaften, ein Fluß, Küsten- und Hafenszenen, so daß ein bilderbogenähnlicher Ablauf vom Hochgebirge bis zur Wasserkante sichtbar wurde. In die landschaftlich gesetzte Bilderfolge waren kleine Volkstumsszenen so eingestreut, daß der noch vor der Türe wartende Betrachter im Wechsel mancherlei fand, das ihn persönlich berühren konnte. War es nicht die Alpen-Blechbläserkapelle, dann war es Jagdleben oder die Magd, die sich am Tümpel die Füße wusch: Jagd, Hirsch, Volkstracht, Bergbau, Schiffbau, Forstwirtschaft waren die Themen der Unterhaltungen, die die Besucher des Büros und die dort sitzenden Verwaltungshäftlinge mit mir anknüpften. Mir war eine interessante Illustration gelungen, die fast drei Jahre lang zu sehen blieb, solange bis ein neuer Anstrich der Vorhalle eine neue Bemalung erforderte.

Das System im Lager

Ich war innerlich mit dieser Arbeit sehr beschäftigt und konnte in der Nähe der Lagergewaltigen sehr viel Aufschlußreiches beobachten. Doch ahnte ich nicht, in welch teuflische Ordnung, die vom Wachkommando gewünscht und gefördert wurde, ich geraten war, so daß ich gutgläubig nahm, was man mir bot. Erst nach langer Zeit, als die Unerbittlichkeit des Verwaltungs- und Lagerpolizeisystems mit der Härte des durch die Länge der Zeit schwer und schwerer werdenden Lagerlebens mir selbst ganz deutlich spürbar wurde, erkannte ich klar die ans Verbrecherische grenzenden Vorteile der "Leiter", "Hilfsleiter", "Küchenchefs", "Ältesten" und sonstigen Bonzen. Im Beruf waren sie Angestellte, Beamte, Fabrikanten, Händler, Bauern, Techniker, Architekten. Jetzt führten sie ein Barackenleben mit 250 (Anmerkung: später 500) hilflosen Menschen, hatten Stellvertreter, Melder, Sanitäter, Fouriere, Hilfsfouriere unter sich: So wie einen "Stab der Verwaltung" im großen, gab es in jeder Baracke einen Stab. Und diese Stäbe hatten tägliche Fühlung durch Melder und Appelle mit der Oberleitung, die ihrerseits von oben gegebene Weisungen und Befehle täglich 17:00 Uhr bei der Besprechung der 30 Ältesten weitergab.

Dies Verwalten und Regieren der auf 18.000 bis 20.000 Menschen angewachsenen, bittere Not leidenden Menge war gewiß keine Kleinigkeit. Als Oberleiter eignete sich nur eine derbe Natur, die nicht vom täglichen Anblick des äußersten Elends zu erschüttern war und dort rücksichtslos durchgriff, wo vom Hunger Gequälte zu Dieben wurden, oder wo auf umständlichen Wegen mit List, Betrug und Gewalt das Leid und die Qual sich auf Kosten von Schwächeren materielle Vorteile zu verschaffen suchte. Es lag auf der Hand, daß solche Vorteile dem Gewinner Lebensverlängerung, den Betroffenen den Tod bedeuten konnten. Verbrecherisch war also das fette Leben der Ältesten dann, wenn sie über die ihnen vom Oberleiter zur Erhärtung der Gefolgschaftstreue zugestandenen extra Portionen hinaus noch aus den Essenskübeln der Kompanie einige Liter Suppe abschöpften und sich und guten Freunden zukommen ließen. Sie richteten sich kleine Kojen und Wohnnischen ein, die bequem ausgestattet mancherlei kleine Schlupfwinkel und Verstecke enthielten, die auch von den revidierenden Wachmannschaften nicht vermutet und entdeckt werden konnten. Daß schon in einem jahrelangen Zusammengepferchtsein von Tausenden eine mit Tür oder Vorhang abgeschirmte angenehm stille Wohnecke nicht nur eine Erleichterung, sondern eine paradiesähnliche Gunst darstellte, muß aufgezählt werden.

Aus dem Vorteil der ständigen doppelten Verpflegungsration erwuchsen dann ungeahnt viele andere, wenn man bedenkt, daß für ein Stückchen Brot sich die Schneider, Schuhflicker und andere Talente zu jedem Dienst an einer Besserung der Lebenshaltung bereit fanden. Die Ältesten waren nicht nur jederzeit gut ermutigt, sondern auch ernährt. Sie mußten sicherlich auch aus dienstlichen Gründen körperlich in guter Verfassung sein, um Ordnung und Herrschaft halten zu können. Das vermag ich nicht zu entscheiden. Da auch ich zu den Talenten zählte, für die gegen kleine Arbeiten gelegentlich etwas Brot oder Suppe abfiel, verurteile ich die Rechtschaffenen unter ihnen nicht. Aber ich glaube, daß den "Wohlhabenden" des Lagers am jüngsten Tag ihre Rechtfertigung nur schwerlich gelingen wird. Denn die Versuchung, mit den geringen, aber in der Abgeschlossenheit des armseligen, jahrelangen Vegetierens bedeutungsvoll werdenden Gegengaben sich entscheidende Vorteile zu verschaffen, war zu groß. So wurde über das erlaubte Maß hinaus auch oft bis an die Grenze der Lächerlichkeit von den wenigen Privilegierten ein für ein Interniertenlager erstaunlich luxuriöses Wohlleben entfaltet, während Tausende hungernd und verzweifelt dahinsiechten.

Die Maßeinheit für allerlei Leistungen und Tauschgeschäfte war eine Scheibe - die Tagesration - Brot oder auch die flüssige Nahrungsration, der "Schlag". Es soll gerechterweise auch berichtet werden von den durchaus geistigen Werten, die gegen Suppe und Brot von den Ältesten für die ganze Barackenbelegschaft erhandelt wurden: Erzähler, Dichter und Schriftsteller, Abenteurer und Fachleute aller Art berichteten nachmittags in der Baracke, wo man Invalide und Leichtkranke gesammelt untergebracht hatte, nach der Mittagsruhezeit Anregendes, das den von Familie und Heimat Getrennten die innere Leere füllte und die Seele in bessere Welten entrückte. Gewiß mischte sich in diesen Darbietungen Seichtes und Tiefes, so wie sich bitterer Ernst und Heiterkeit immer auch im Lagerleben beieinander fanden.

So wurden Geschichten aus allen Ländern und Erdteilen geboten, die sich meist dadurch auszeichnen, daß sie besonders breit liebliche Genüsse schilderten, aber neben dieser Art des zur Zeit sehr, sehr Entbehrten auch mitunter meisterlich Schönheit und Eigenart der Länder, Städte, Meere und Gebirge. Die jahrelang aller erhebenden Eindrücke Entwöhnten hörten beinahe süchtig den Vortragenden zu, die aus der eigenen körperlich-geistigen, schmerzvollen Sehnsucht einer gleich gestellten Hörerschaft vortrefflich aus dem Herzen für die Herzen redeten. Auch im Erzählen wurde ein Virtuosentum entwickelt, da die Betreffenden bald spürten, was beliebt war. So gab es einen Literaten, der Fortsetzungsromane erfand, einer der Länder und Menschen schilderte, die er nie gesehen hatte. Jemand verstand es, ausführliche Filmberichte mit eingestreuten Dialogszenen zu bieten. Die liebe lange Zeit wurde eben recht und schlecht ausgefüllt und die Kompanie dankte dem Unterhalter jedes Mal mit einem Schlag dünner Suppe aus der gemeinsamen Küche. Für dieses Honorar wurde Geistiges und Materielles geboten und verhandelt.

Werte des Lebens

Wohl dem, der Pfunde besaß, mit denen sich wuchern ließ! Jedem Fachmann, dem Gärtner wie dem Jurist, dem Bauern wie dem Mathematiker und dem Konstrukteur war es gegeben, aus dem engen Fachgebiete das Interessanteste leicht faßlich für eine sehr gemischte Zuhörerschaft zu berichten. Die Vorträge, abendfüllenden Berichte, die Nachmittagsunterhaltungen waren oft derartig wertvoll, daß man bedauern mußte, nicht alles zugleich hören zu können. Ich glaube beobachtet zu haben, daß die Intensität des Berichtens im Hungerzustande durch die größere Regsamkeit der Phantasie gesteigert ist. Oder rührt meine Feststellung daher, daß man als hungrig-sehnsüchtiger Hörer das Gebotene gieriger aufnimmt, es sich stärker einprägt, um das Fehlen aller Sinnesreize und -eindrücke während der Haftzeit auszugleichen?

Hier berühre ich einen Punkt, der jedem deutlich ist, der jemals gefangen gesetzt war: Ich möchte all das, was ich als Hörer schöner, oft nicht formvollendeter Erzählungen nur selbst phantasiemäßig miterlebte, nicht mehr missen. Es ist eine bekannte Tatsache, daß man im Hungerzustande, wenn man nach einer Mahlzeit - aber noch ungesättigt - in Schlaf fällt, die angenehmsten, märchenhaft-schönsten Träume hat. Sicherlich gerät der Geist, vom Leib unbeschwert, in Sphären einer sich in ungeahnter Schönheit bietenden Bildwelt. Ich habe im Traum während jener Jahre Bauten, Paläste und Städte gesehen, die abendländisch, ja klassisch geformt in ihrer goldenen Pracht auch mit keiner noch so bühnenbildnerischen Üppigkeit des Dekors zu erstellen gewesen wären, geschweige denn, daß sie als von Menschenhand erbaut auf dieser Welt jemals denkbar wären. Den erwähnten Darbietungen bleibt ein zu beachtender Verdienst.

Die armen entbehrenden Seelen wurden für Stunden entrückt und der Leiden enthoben. Sie vergaßen für kurze Zeit ihr Elend, während der Hunger, durch die häufig festzustellende Manie der Erzähler und Berichter von opulenten Mahlzeiten, Koch- und Speisegewohnheiten - dies besonders bei Schiffsreisen - zu erzählen, nur noch angeregt wurde. Desweiteren klärten mir kitschige und armselige Unterhaltungen meine Begriffe von geistigen Bedürfnissen der Alltagsmenschen. Ich darf bekennen, daß das Empfinden für Worte verbreiteter ist, als man glauben könnte, denn oft wurde in kritischem Urteil einer Betrachtung des Redners gerade von einfachen Leuten bemerkt: "Man läßt ihn eben gewähren!" "Dies und jenes gefiel mir besser." So war der Häftling auch geistig preisgegeben, und mußte das über sich ergehen lassen, was der Barackenälteste wählte und anbahnte.

Die bunte Vielfalt hatte für jeden etwas Weitendes und innerlich Förderndes. Dem Beamten wurde der Blick für Bauernsorgen geöffnet, dem Techniker das Politische, dem Geistlichen oder Juristen das Medizinische, dem Kaufmann das künstlerische Gebiet erschlossen. Sehr zu bedauern war, daß die beobachtende und patrouillierende Wachmannschaft diese Unterhaltungen und Reden zu fürchten begann und sie kurzerhand verbot, um nicht den Geist des Aufbegehrens, des Widerstandes aufkommen zu lassen.

Innerer Lebens-Erhalt

In der zweiten Hälfte der Haftzeit wirkten sich die mannigfaltigen Entbehrungen immer härter aus. Dem steigenden, an sich nicht gerechtfertigten Mißtrauen der Bewacher entsprang das Verbot der "Großveranstaltungen", der geselligen Darbietungen und Unterhaltungen. So wurde die Form der Tischgespräche im kleinen Kreise gewählt, um Begonnenes und uns Liebgewordenes fortzusetzen. Auch Brettspiele aller Art, meist Schach, füllten den Untätigen die reichliche Zeit aus. Diese Spiele, auf Hartfaserplatten mit hölzernen oder wirklichen Steinen, führten zu einer Kleinkultur; Wettkämpfe und Turniere, Lager- und Jugendmeisterschaften wurden ausgefochten, so daß sich Schachunterricht mit Lehrtafeln als weitere Beschäftigung einführte. Das Schnitzen der Steinfiguren war eine verbotene Tätigkeit, denn der Häftling durfte unter anderem auch nichts Waffenähnliches besitzen. Der Besitz eines Messers brachte ihm harte Strafen, im günstigen Fall Schläge des Ältesten ein, dessen Amt mit diesem Vergehen gefährdet war. Später verschärften sich die Strafen zu Einzelhaft oder Sonderhaft zu mehreren in einer Baracke, die keinen "Auslauf" hatte.

Es war oft rührend zu beobachten, wie und mit welchen Mitteln Schachfiguren entstanden: Von der Holz-Klotz-Form bis zu den geschabten Ziegelsteinen, viele Varianten. Für "vermögende" Häftlinge entstanden aus talentierten Händen mitunter ausgezeichnete Schnitzereien von tiefem Sinngehalt. So weiß ich noch, daß ich oft zwei Spiele bewunderte, die der im Lager verstorbene Museumskustos Niehoff aus Halle/Saale mühsam und unablässig hart arbeitend aus Birkenholz schuf. Er gab den Läufern eine schön edle Menschengestalt, ebenso den Königspaaren, formte die Gestalten nach einem von ihm geschauten Sinngehalt als Gute und ihre Widersacher. Diese und andere Kunstwerke, unter denen die von Niehoff einen Ehrenplatz in meiner Erinnerung haben, führten sogar zu einer Schachspielausstellung. Ich vergesse den Anblick nicht, den Niehoff bot, als er krank im Lazarett des Lagers lag und dort seine geschätzten Kostbarkeiten stolz-behutsam aus einem alten Lappen auswickelnd dem Besucher zeigte und erklärte: Ein Bild der jammervollsten Armut, aus dem jedoch Klarheit des Willens, Wissens und das Bewußtsein des Könnens hervorschaute. Einmal hat er sich aus dem Lazarett noch erheben können. Ein zweites Mal kehrte er nicht zurück.

Schachspiel wurde nicht nur geduldet, sondern auch von den Offizieren der Bewachungstruppe gefördert. Die besten Spieler des Lagers wurden von ihnen zum Wettkampf aufgefordert. Peter Husmohr (Hasmohr ?), ein für sein jugendliches Alter sehr einsichtiger, kluger und bescheidener Kamerad, hat sich mit einigen anderen unter den 20.000 Menschen einen Namen als Schachspieler gemacht. Öfters haben Sergeanten und Offiziere das Spiel der Häftlinge beobachtet, eingegriffen oder Spiele angesetzt. Auch auf diesem Gebiet haben die befähigten Schachkenner sich zusätzliches verdient, sich immer Brotportionen oder ein Töpfchen Suppe verdienen können, wenn sie abends durch Schachunterricht vor größeren Gruppen oder durch Spielstunden bei den "Vermögenden" ihre Kenntnisse weitergaben. Dies soll nur zeigen, wie mannigfaltig völlig veränderte Voraussetzungen dem Menschen zeigen können, wie er seinen Geist zu Geld machen kann, zur Münze, die sein Leben trägt. Unsere Währung war Brot, Suppe, Kleidungsstücke, selten mal ein verbotenes Werkzeug; ein Schreibstift oder Draht zum Brotschneiden wurden entsprechend taxiert und umgesetzt. Der Ballistiker und Mathematiker Hochsteiner, der den Deutschen im Ersten Weltkrieg die Geschoßbahn des weit reichenden Geschütztes aus der Rohrlänge und dem erforderlichen Explosionsdruck errechnete, hat sein Leben mit der Schachspielkunst - wie ich hoffen möchte - retten können.

Immer wieder Vertröstung!

Der Kampf ums Leben spielte sich in den drei Jahren meiner Haftzeit in zahllosen völlig verschiedenen ungeahnten Formen ab, so daß der Versuch fraglich wird, nur einige wenige typische Formen zu schildern.

Vorerst muß erwähnt werden, daß die Bewachenden offensichtlich ein Stufensystem von magerer bis zu besserer Kost aufrecht erhielten. Die breite Masse der Rechtlosen wurde im Hungerzustande hingehalten und nur dadurch vor Verzweiflungshandlungen bewahrt, daß die teuflischen oder gleichgültigen Wächter auf ihren Kontrollgängen wiederholt davon sprachen: "Ihr bald nach Hause!" Oder: "Du bald nach Hause." Die Hoffnung, die dann in der Folge zu aufgeregten Debatten über die Möglichkeit eines nahen Endes dieses Höllendaseins führte, erhielt die Geschwächten aufrecht. Ja, man kann sagen, daß gerade die Schwachen wiederum die stärkste Phantasie entfalteten, um sich und ihren Nachbarn das baldige gute Ende der Qual vor Augen zu führen. Die "Parolen" entstanden aus solchen genannten bestimmten Quellen, oder sie entsprangen den spintisierenden Hirnen der elend Gequälten, die immer wieder sehnsüchtig lauschende, erwartungsvoll bedürftige Nachbarn zum Weitertragen fanden. Kamen jedoch die Entlassungs- und Heimkehrparolen den wohlgenährten Ältesten und Lagerleitern zu Ohren, dann wurden sie aller ihrer verlockenden Süße, all ihrer Hoffnungsfracht entschält und völlig entseelt, in eine sachliche, lieblose Gegenparole verwandelt, wieder auf den Weg in die Menge geschickt. Die Gegenparole aber, die trostlose, die nur aus den gegebenen Tatsachen heraus bar jeden Glaubens aufgestellt wurde: "Es kann noch Jahre dauern!", war den Darbenden ein Fußtritt, dem sie auswichen. Viel schöner, angenehmer war es, sich des Abends auf die Bretter zu legen mit Worten der Hoffnung: Hast du schon gehört? Es wird schon werden.

Wer darf richten?

Die Wohlgenährten hatten ihren täglichen Trost im Leibe und entbehrten wenig. Sie vermochten schallend zu lachen. Den Hungernden wuchs der Glaube. Die Gedanken der Hungernden kreisten von früh bis abends aber all die Jahre nur noch um Entlassung, Freiheit und um die Nahrung. Wo, von wem und auf welche Art könnte ich mir etwas verschaffen!? Wenn dem freien Leben der Mundraub unbestraft bleibt, so scheint mir dies Vergehen in den widerlichen veränderten Verhältnissen eines Internierungslagers besonders verzeihlich. Hohe Beamte, bekannte Persönlichkeiten, Männer von Ruf und Rang darf man nicht als demoralisiert bezeichnen, wenn sie verhungert, verfallen, aufs Äußerste gepeinigt ein Stück Brot stehlen. Keiner darf das. Nur der darf sie verurteilen, dem es gelungen ist, sich lebend aus dieser härtesten Züchtigung heraus zu retten, ohne selbst gefehlt zu haben.

Gottvater wird jenen die Schwäche längst verziehen haben. Er allein weiß, wie diese Männer vor ihrem Erliegen gerungen haben, wie ihnen der Gedanke an Frau und Kind die Hand unter die Habseligkeiten des Nachbarn führte. "Am Leben bleiben um jeden Preis!" Habe Erbarmen, Verständnis, wenn Du von einer solchen Missetat hören solltest! Jammert jeden der Ertappten, Überführten, den man hart beschimpfte, schlug, strafte und langer Ächtung verfallen ließ! Gottvater weiß, daß ein solches Lager, von Teufeln in Menschengestalt erfunden, nicht seiner Schöpfung angehört. Was darin dem Menschen wiederfährt, wird er anders richten. Er läßt zuweilen der Teufelei freie Hand. Läßt, um den Menschen klar werden zu lassen, daß sein Gesetz nicht ungestraft verdrängt und in seiner Schöpfung kleine Herrschaftsbezirke mit Menschengesetz nicht ungestraft errichtet werden können.

Das Brot und die Suppe beschäftigen das Denken. Wie wäre es, wenn man die dicken wollenen Strümpfe einem gäbe, der in der Bäckerei arbeitet. Bäcker und Köche tauschen ihre Portionen gegen gute Sachen um. Sie sind ja satt und schaffen sich mit ihrer Valuta einen Reichtum. Wie, wenn ich statt meines Hutes eine Kappe trüge, mag aussehen, wie sie will. Aber Brot hätte ich dann mal für Sonntag, wenn zu Hause die

Frau des Hochzeitstages gedenkt - den Wohlhabenden wendet sich die Aufmerksamkeit zu! Sie werden bestopft und benäht, bekleidet und bedichtet. So verlieren sie die Maßstäbe für das Lagerleben. Wenn zu ihrem Geburtstag die Mannschaft antritt, ein Chor singt, ein Gedicht gesprochen, ihr Name in Versen verherrlicht, ihr entschlossenes, gerechtes Walten in gehobener Sprache verkündet wird, dann muß dies zur Überheblichkeit, zu Selbstüberschätzung führen, zu jeder Art von Eitelkeit, die in dem schuldlos Elenden den schuldigerweise Verkommenen sieht, den zu verachten man das Recht hat; den, der immerwährend von Entlassung redet und von Essen, darf man bedauern.

Warum die Kerle nur nicht warten können!

Warten, ja warten muß man können! Es kommt schon alles, wie es soll.

Paul Weisshuhn 1948
nach der Entlassung aus Mühlberg.
Gehärtet, gereift, zuversichtlich in die Zukunft
blickend.

Nachwort

Paul Weisshuhn hat das Lager Mühlberg überlebt. Er hat die eigentlichen politischen Hintergründe seiner Inhaftierung in Mühlberg zu Lebzeiten nicht mehr erfahren können. Von ihm selbst wurde bei den seltenen Gelegenheiten, da er überhaupt über die Kriegs- und Gefangenschaftszeit sprach, im Zusammenhang mit Mühlberg das Wort „Geiselhaft“ benutzt. In einem anderen Manuskript, worin er den inhaltlichen Schwerpunkt auf seine künstlerische Arbeit legt, berichtet Paul Weisshuhn Folgendes: Vierzehn Tage nach seiner Entlassung aus dem Lager Mühlberg am 14.08.1948 *„...floh ich ..... über Halberstadt durch einen schlammigen Grenzgraben nach Westen, um die mir bereits zugeteilte Studienratsstelle in Wuppertal anzutreten. Ich wußte, daß man sie für mich offengehalten hatte.“* Seine Familie folgte ihm kurze Zeit später nach.

Persönliche Begegnungen in Mühlberg

Erst zu Beginn des Jahres 2002 erfuhr ich durch einen Zeitungsartikel (FAZ vom 26.01.2002), den mein ältester Bruder mir gab, daß es damals mit dem Lager Mühlberg etwas Besonderes auf sich habe. Etwas Politisches. Ich beschaffte mir die verfügbare Literatur über das NKWD-Lager Mühlberg von Achim Kilian. Insbesondere das erste Buch von Kilian (vgl. Bibliographie im Anhang) lieferte ein umfassendes und sehr bedrückendes Bild von den Lager-Geschehnissen. Die sehr präzise, lebendige und anschauliche Schilderung des vom Verfasser persönlich Erlebten wird ergänzt durch eine immense Fülle sorgfältig recherchierter und aufbereiteter Fakten. Kilian gebührt das Verdienst einer äußerst peniblen und umfangreichen Niederschrift persönlicher Erinnerungen aus seiner Zeit als Lagerhäftling in Mühlberg sowie umfassender Recherchen und Auswertungen unterschiedlichster Dokumente.

Ich war schockiert, erschüttert und sehr bedrückt von dem Gelesenen. Viele Eigenarten und Persönlichkeitsmerkmale unseres Vaters erschienen mir vor dem Hintergrund des Erlittenen und Überlebten plötzlich in völlig anderem Licht.

Spontan entstand beim Lesen der Eindruck, daß mit dem erwähnten Kunstmaler „Paul Ricken" im Kapitel „Handwerker und Künstler" mein Vater Paul Weisshuhn gemeint sein müsse: Der im Buch von Kilian erwähnte Guido Gube, Chronist der Lager-Kunstwerkstatt, war mit Paul Weisshuhn während der Lagerhaftzeit eng befreundet, und schickte dem inzwischen Verstorbenen 1990 nach der deutsch-deutschen Wiedervereinigung einen Brief mit einem Photo aus dem Lager Mühlberg. Die Schilderungen der Farbgewinnung aus alten Farbresten, die von den Wänden gekratzt wurden sowie der Verwendung von Reisschleim als Bindemittel, sind uns durch die wenigen kurzen Erzählungen unseres Vaters vertraut.

Und dann kam jener Tag! Schon in den vorangegangenen Wochen, während in mühsamer Kleinarbeit das Manuskript zum Buchlayout heranwuchs, hatte sich der Wunsch nach eigener Beschäftigung mit dem Geschehenen wie ein unstillbares Bedürfnis immer stärker über die eigentlichen Erfordernisse des Tages gelegt. Eigentlich müßte man doch da mal hinfahren... Schauen, ob sich noch Überreste vom Lager finden lassen, ob es noch sichtbare Relikte aus jener Zeit gibt? Es ließ mir keine Ruhe. Und plötzlich war da dieses Gefühl im Bauch, drängend, heiß und dringend: „Wenn Du das jetzt nicht machst, dann wirst Du es nie mehr tun!“ Also setzte ich mich am 03.04.2002 um 14:15 Uhr spontan in mein kleines altes Auto und fuhr die 500 km nach Mühlberg an der Elbe.

Groß war meine Überraschung, als ich, von Richtung Riesa kommend, ein Schild fand, welches das Lagergelände als Gedenkstätte auswies. In der Abenddämmerung streifte ich durch das Gelände, ging die von Pappeln gesäumte „Lagerstraße“ auf und ab, betrachtete die freigelegten Barackenfundamente und verweilte still an der Gedenkstätte am Gräberfeld bei der alten Schanze. Schön war es zu sehen, daß offenbar mit dem Gelände das Andenken gepflegt wurde und ganz offensichtlich aktuell Arbeiten am Lagergelände im Gange waren.

Für den nächsten Morgen hatte ich mir den Besuch des Museums in Mühlberg vorgenommen, von dem ich in Erfahrung gebracht hatte, daß es auch eine Abteilung zur Geschichte des Lagers hat. Zu meiner Überraschung wies die freundliche Dame im Museum mich darauf hin, daß an diesem Morgen eine Begehung des Lagergeländes mit ehemaligen Internierten stattfindet! Diese kommen einmal im Jahr zu einem Arbeitseinsatz und gemeinsamen Gedenken hier zusammen. So machte ich mich schleunigst wieder auf den Weg zum ehemaligen Lager, um diese Menschen zu treffen.

Die folgenden anderthalb Tage im Lagergelände sind mir sehr beeindruckend in Erinnerung geblieben. Aus den persönlichen Erzählungen der Männer aus der Lagerzeit sprach so vieles, was sich hier nur unzureichend wiedergeben ließe und was mir dennoch vorher bei der Lektüre begegnet war. Am kraftvollsten jedoch hat mich der versöhnliche Gedanke berührt, der hier auf dem Lagergelände in der Gedenkstätte

Mühlberg gemeinsam mit dem Andenken der Opfer zweier Diktaturen gepflegt wird.

An meinem dritten Tag in Mühlberg war der 96. Geburtstag von Paul Weisshuhn. Er verbrachte rund ein Zehntel seines Lebens in Krieg und Gefangenschaft. Ich beginne erst jetzt ein wenig zu ahnen, wie sehr ihn diese Zeit und diese Erlebnisse geprägt haben.

Mit den Worten des ehemaligen französischen Kriegsgefangenen Dupin, der in den sechziger Jahren das ehemalige Lagergelände in Mühlberg besuchte (vgl. Kilian, Achim, 2001, S. 343) kann ich sagen, daß diese Reise und ihre Begegnungen für mich rückblickend den Charakter einer regelrechten Wallfahrt bekam.

Parallelen des Schicksals?

Eineinviertel Jahre später: Eine laue Augustnacht, auf dem Neroberg hoch über Wiesbaden. Ein kleines rundes Tempelchen mit Marmorboden, Musik, junge tanzende Paare, flackernde Windlichter, leise Gespräche, Geklirr der Weingläser, Frohsinn und Heiterkeit bei einem berauschenden Blick über die nächtlich erleuchtete Stadt.

Eine Bekannte hatte mich spontan am Nachmittag angerufen, und gefragt, ob ich nicht Lust habe, mit ihr zum Tanzen dorthin zu fahren. Eine wunderbare Idee nach der Hitze des Tages.

Wir sitzen am Rande, schauen auf die Stadt und unterhalten uns. Das Gespräch hatte schon auf der Hinfahrt eine bemerkenswerte persönliche Tiefe, ganz abseits der sonstigen Belanglosigkeiten angenommen. Eine Art persönlicher Tiefe und Vertrauen, die man selten spontan mit einem Menschen teilt. Warum sprechen wir plötzlich über unsere Eltern, über die kollektiven und persönlichen Schicksale, die sie als Angehörige des jüdischen Volkes und mich als Deutschen prägen? Musik, Tanz, Frohsinn und die damit üblicherweise einhergehende Unverbindlichkeit sind völlig in den Hintergrund getreten. Ich erzähle von meinem Vater, der das Gefangenenlager überlebte, weil er malen konnte. Sie erzählt daraufhin von einem alten Mann, den sie in Israel kennt, der das KZ Auschwitz überlebte, weil er malen konnte...

Wie später in Mühlberg, überlebte vorher in Auschwitz einer, weil das System jemanden brauchte, der Barackenwände bemalen und künstlerisch gestalten konnte!

Warum blieb dieses Buch solange unfertig liegen? Hat es auf das Wissen um diese merkwürdige Folge ähnlicher Schicksalsereignisse gewartet?

Markolf Weisshuhn, im Oktober 2003

Mir fallen keine besseren Worte ein, die ich meinem Vater heute sagen möchte, darum tue ich es mit den Worten Bert Hellingers:

Der Goldene Ball

Was auch an Liebe mir vom Vater ward,
ich hab´s ihm nicht vergolten, denn ich habe
als Kind noch nicht gekannt den Wert der Gabe
und ward als Mann dem Manne gleich und hart.

Und wächst ein Sohn mir auf, so heiß geliebt
wie keiner, dran ein Vaterherz gehangen,
will ich vergelten, was ich einst empfangen,
an dem, der mir´s nicht gab – noch wiedergibt.

Denn wenn er Mann ist und wie Männer denkt,
wird er, wie ich, die eigenen Wege gehen,
sehnsüchtig werde ich, doch neidlos sehen,
wenn er, was mir gebührt, dem Enkel schenkt.-

Weithin im Saal der Zeiten sieht mein Blick
Dem Spiel des Lebens zu, gefaßt und heiter,
den goldenen Ball wirft jeder lächelnd weiter
- und keiner gab den goldnen Ball zurück!

Das Lager Mühlberg, im Winter 1946-47.

Reproduktion eines Photos aus dem Besitz des ehemaligen Mühlberger Mithäftlings Guido Gube, der mit Paul Weisshuhn offenbar in der Lager-Kunstwerkstatt zusammengearbeitet hat.

(Übereignet per Brief 1990)

Das Original ist 2003 leider im Postversand verschollen.

Handelt es sich in der Bildmitte hinten um die Hercules-Windturbine?

Anhang

Gedichte aus Mühlberg

Geschrieben von mehreren, zum Teil bekannten, teilweise unbekannten Mithäftlingen im Lager Mühlberg in den Jahren 1945 bis 1948. Auf intensivere Weise als die Fakten und die Erzählung vermag das Wort im Versmaß, Gedanken und Empfindungen zu transportieren. Die poetische Verdichtung des Erlebten und Erlittenen durch mehrere Autoren untermalt das Erzählte eindringlich.

Lagerjahre

Es ist nicht leicht, die Jahre zu ertragen,
Die Jahre allertiefster Einsamkeit.
Gefangen sein, zu dulden ohne Klagen
Und Kraft zu finden für die Wirklichkeit.
Denn alles fiel und alles brach zusammen,
verbrannt, zerstört in einem Meer von Flammen.

Das kleine Ich verschwindet in den Massen
Die Schar des Elends aus Baracken drängt,
entquillt zerlumpt den stickigen Gelassen
und steht bedrückt auf kleinen Raum gezwängt,
um Licht und Sonne gierig einzufangen
in stumpfem Trieb und schmerzlichem Verlangen.

Und hat der Sturm auch mir mein Sein zerschlagen
Und brach die Umwelt auch für mich entzwei,
so lernte ich, dass sinnlos alles Fragen,
doch still zu werden, eine Gnade sei.
In mir ist nur die eine Kraft geblieben,
auch hier im Leiden ungeschwächt zu lieben.

Unbekannt (Lager Mühlberg, 1948)

Mondnacht

Lagerlichter glühn in Reihen
An dem Zaun, am Stacheldraht.
Hinter ihnen, in dem freien Land
Mein Träumen Heimat hat.
Und die Sterne friedlich glänzen
An dem dunklen Firmament,
dort verschwinden alle Grenzen.
Dort ist Er, den keiner kennt.
Dünste wehen zarte Schleier,
sie beengen meine Schau.
Silbern huscht zu unsrer Feier
Mondlicht auf ihr Perlengrau.
Und ich blicke in die stille,
wundersame Frühlingsnacht
Habe ihr die ganze Fülle
meiner Sehnsucht dargebracht.
Alle Qualen dunkler Stunden
Lösen sich und sind befreit,
haben ihren Weg gefunden
in den Schoß der Ewigkeit.
So befreit und doch gefangen
Wird es still und licht in mir,
und mein Sehnen, mein Verlangen
trägt die Seele fort zu Dir.

Unbekannt (Lager Mühlberg, 1948)

Erntedank

Auf den Feldern unsrer Heimat
Schwelen jetzt Kartoffelfeuer
Und es klingen Drescherflegel
Aus der korngefüllten Scheuer.
An den Mauern rankt und Lauben
Wilder Wein – wie rote Flammen.
Alle Farbenpracht des Sommers
Strömt noch einmal hier zusammen.
Gold der Birken in den Wäldern
Vor dem dunklen Kieferngrün.
In den Gärten, auf den Beeten
Astern jetzt und Dahlien blühn.
Und es spenden späte Rosen
Ihren Duft zu allen Farben!
Arme, heimwehkranke Herzen
Laßt das sehnsuchtsschwere Klagen.
Wölbt sich nicht der Heimathimmel
Trostvoll über unsern Tagen?
Öffnet er nicht jeden Abend
Seiner Wolkenberge Tor?
Dringt uns nicht ein Rausch von Farben
Immer neu daraus hervor?
Zaubert er nicht tausendfältig
Unsrer Gärten bunte Pracht
Rosenrot und Dahlienblüten
Asternviolett der Nacht?
Schickt er nicht die Wolkenschiffe
Zu den Gärten, wo die Bäume
Un die Sträucher und die Menschen unsrer warten?
Arme, heimwehkranke Herzen
Laßt das sehnsuchtsschwere Klagen.
Hat nicht selbst die Heimaterde
ihren Gruß uns hergetragen?

Habt ihr nicht die unscheinbare
„Ringelblume“ in der Hand
Wie ein Kind, das sie als erstes
tiefbeglückt im Leben fand?
Spendet nicht selbst steiniger Acker
seine Beeren und Salat?
Und wer wußte welchen Segen
birgt ein jedes grüne Blatt?
Lieben wir nicht alle Blüten
neu in einer Unkrautblume
Und den Ruch der Roggenfelder
noch in jedes Brotes Krume?
Jetzt erst lernen wir ermessen
welche Fülle sich uns bot.
Allen Reichtum unsres Lebens
lehrt uns Mangel erst und Not!
Wenn wir einmal später wieder
durch die Beete unsrer Gärten geh´n,
dann bleiben wir wohl stets am längsten
vor der Ringelblume stehn.
Wenn wir einmal wieder Früchte ernten
Von den Bäumen, unsern alten
Werden wir um einen Apfel
dankbar unsre Hände falten.
Und wenn wir einmal wieder unsren
Lieben Brot bei Tische reichen,
dann soll es immer uns gemahnen,
einer heil´gen Handlung gleichen.
Drum ihr Herzen, laßt euch sagen:
Gott bestimmt, wer sät – wer erntet.-
Ewig bleibt das Früchtetragen!

Gertrud Lehmann-Waldschütz (Lager Mühlberg, 1947)

Auch die schweren dunklen Stunden

Auch die schweren dunklen Stunden
Gehören in´s rechte Leben hinein.
Wie könnte sich sonst der Sonnenball runden
Über duftenden Wiesenrain,
hätte ihn nicht das Dunkel der Nacht
reif zur Krönung des Tages gemacht.

Annelies Schlevogt (Lager Mühlberg, 1947)

Erhebe den Blick

Erhebe den Blick über Kiese und Sand
hin zu den fernen, den blauenden Weiten,
hin zu den Wäldern, den leuchtenden Breiten
sprießender Saaten im harrenden Land!

Erhebe den Blick über Pfähle und Draht,
über das Lager mit Posten und Schranken,
hin in das Reich der freien Gedanken
werdender Werke und kommender Tat!

Erhebe den Blick über Schwäche und Schmach,
über die Mißgunst, das Neiden und Klagen,
über das Streiten, gereizte Verzagen! -
Blicke empor in den strahlenden Tag!

Erhebe den Blick! Schau, Dünste und Duft
eilen empor dem Lichte entgegen,
Schweres will sich zum Himmel bewegen,
formt sich zu Schleiern in zitternder Luft.

Beschwing deinen Geist, erhebe den Blick!
Lichter der Sonne funkeln und schweben.
Kräfte der Seele formen das Leben,
geben dir stündlich die Freiheit zurück.

Unbekannt (Lager Mühlberg)

Die Schwalben

Endlich von den blauen Höhen
warme Frühlingswinde wehen
und sie haben über Nacht
Schwalben in das Land gebracht.
Morgens mittags, bis zum späten
Abend sitzen sie auf Drähten.
Köpfchen drehn sich, Flügel schlagen,
haben sich so viel zu sagen,
wollen miteinander fliegen
und sich in den Lüften wiegen.
Ob sie in den Mußestunden
ihrer Reise sich gefunden,
ob er durch sein Zwitschersingen
tat ihr Schwalbenherz bezwingen,
kann man jetzt nicht mehr ermessen,
oder hat man es vergessen, -
einerlei wie es geschah,
sie sind glücklich und sind da,
Jetzt erfüllt von Liebesfreude
schwatzen, zwitschern alle beide,
bis nach kurzen Flittertagen
Schwalbenherzen Sorge plagen.
Alles scheint sehr schön und gut,
nur - der Nestbau wird akut!
Ach, im hiesigen Gelände
gibt es wenig feste Wände,
die geeignet ohne Spalten
sind ein Schwalbennest zu halten.
Endlich hat ein Haus vor allen
unsern Schwalben wohlgefallen.
Hier im Vorraum unterm Dach
bauen sie ihr Brautgemach
tragen Lehm und Klümpchen Erde,
daß es fest und stattlich werde.

Dann verweben sie dazwischen
dürre Gräser in den Nischen.
Kurz mit Eifer und Geschick
werken sie an ihrem Glück,
denn erfüllt von Liebessegen
will das Schwälbchen Eier legen.

Was die Männer hierher führt,
hat kein Schwalbenherz gerührt,
denn es kennt zu solchen Zwecken
kein Sich-in-dem-Haus-verstecken.
Männer, die im Raume weilen,
sehn die Vöglein hierher eilen,
und es geht die frohe Kunde
rund herum von Mund zu Munde:
"Komm nur, komm, das mußt du schauen,
wie die kleinen Schwalben bauen!"
Froh verklärt sind alle Mienen:
Schönheit gibt's auch in Latrinen!
Ist sie dort sogar zu finden,
Läßt sich alles überwinden.
Es verblaßt das Schwere, Trübe,
vor der Schönheit, vor der Liebe.

Unbekannt (Lager Mühlberg)

Die letzten Junitage 1947

Der Rosenmonat in der Zeit versinkt,
und seine letzten, lichtdurchglühten Tage
sind ganz erfüllt nur von der einen Frage:
Wann kommt die Stunde, die die Freiheit bringt?

Und deine Augen mühn sich wie gebannt
den schmalen Ausblick völlig zu erkosten
und hinter Zaun und Draht und Turm und Posten
sich zu verlieren in das stille Land.

Dort wogt es sanft, das weite Roggenfeld.
Sein grünes Silber spielt in gelben Farben.
Wie lange noch, dann liegt das Korn in Garben
und mit dem Korn das Bunt der Blumen fällt.

Und wo der Mohn in Schein und Leuchten steht,
die Blüten sich im Violett entfalten,
um wie im Traum die Schönheit festzuhalten,
ganz bald der Wind durch tote Stoppeln weht.

Noch steigt die Lerche, und der Buchfink schlägt.
Die Blumendüfte schweben noch in Schwaden.
Mit ihrer Süße ist die Luft beladen,
die sie hinauf ins Reich der Wolken trägt.

Und wie das Feld, der Ernte schon geweiht,
still warten muß, bis es Erfüllung findet,
der Schnitter Garbe nach der Garbe bindet,
so harrst auch du im Leiden dieser Zeit.

Die Hitze glüht. Ein Wolkenturm erhebt
sich drohend aus dem Dunst der Mittagstunden.
Ein zweiter hat sich wuchtend eingefunden.
Die eine Wolke zu der andern strebt.

Es glost das Feld im harten Sonnenbrand,
bereit, das Wetter in sich aufzunehmen.
Ein Tier erwacht, ein dunkler Riesenschemen,
und wächst und reckt sich in der Wolkenwand.

Die Sonne stirbt, der Himmel wird bedeckt.
In Düsternisse brüllend Donner krachen.
Das Himmelsuntier öffnet seinen Rachen,
aus dem der Blitz herab zur Erde fällt.

Das Wetter aber bleibt im Fernen stehn
als dunkler Vorhang. Schwere Regen fallen
aus dem Gewölk, und aus dem Wogen, Wallen,
die grellen Blitze ihre Bahnen gehn.

So wird es Abend, graue Dunkelheit.
Die Schwüle glotzt und will dein Herzblut trinken.
Du wirst verzagt und glaubst ins Nichts zu sinken,
aus Qualen dich kein Rosenduft befreit.

Auch dieser Monat, ach, verweht, verrinnt.
Wo blieb das Land, in dem die Rosen bluten
voll Duft und Glück in purpurroten Fluten?
- Stöhnt in der Nacht so weh ein später Wind? -

Unbekannt (Lager Mühlberg)

Der Gefangene

Und endlich, endlich steht er vor dem Tor.
Es öffnet sich in seiner ganzen Breite.
Er geht hindurch, und vor ihm sind die Weite,
das Glück, die Freiheit, und er steht davor.

Das Himmelsblau, es ist so strahlend rein,
viel strahlender als hinter Draht und Planken,
zieht alles Wünschen, Hoffen, die Gedanken
zu sich empor ins Licht, in Glanz und Schein.

Die junge Saat, erwacht in zartem Grün,
verschleiert schon die dunkle Ackerkrume.
Am Wegrand grüßt noch eine späte Blume
im allerletzten, farbenmüden Blühn.

Ein heller Falter gaukelt noch vorbei.
Vom Hauch getragen Spinngewebe schweben
ins Ungewisse, doch zu neuem Leben;
und hoch am Himmel klingt ein Kranichschrei.

Und überall im lichtdurchglühten Land
sind Werkende, der Scholle eng verbunden.
Sie haben schon die Leiden überwunden
mit ihrer erdgeschwärzten, festen Hand.

Er aber eilt. Beflügelnd seinen Schritt
und ist erfüllt von jubelndem Entzücken.
Das Land enthüllt sich seinen trunk'nen Blicken
und fliegt im Licht mit seiner Sehnsucht mit.

Er atmet tief, im Innersten bewegt,
und fühlt die Kräfte aus der Erde steigen
und fühlt in diesem mittäglichen Schweigen,
wie erdennah und stark sein Herz jetzt schlägt.

Und endlich da, da steht das kleine Haus.
Und seine Kinder spielen auf den Wegen
- und jetzt, jetzt stürzt ihm seine Frau entgegen - - - -
Er breitet schluchzend seine Arme aus.

Da - - - seine Augen werden groß und weit,
ersteht der Raum voll Leiden, voller Sehnen,
voll Todesnot und unterdrückter Tränen - - - -
er starrt und starrt in Nacht und Dunkelheit.

Unbekannt (Lager Mühlberg)

Die Rufe aus der andern Welt

Es ist nicht gut, wenn aus der andren Welt
Gestalten in die Welt der Leiden dringen,
die Sehnsucht wecken und auf weichen Schwingen
Gesichte in den grauen Alltag bringen,
bis Wunsch und Wahrheit ganz zusammenfällt.

Es ist nicht gut, wenn sich ein trauter Klang
hierher verliert aus lichten Birkenbäumen,
und glockenhell von nahen Waldessäumen
der Kuckuck ruft, und in dein wehes Träumen
die Drossel jauchzt mit flötendem Gesang.

Es ist nicht gut, wenn sich ein Schwalbenschwanz
als Gaukelschatten überm Lager findet,
wenn sich der Bussard kreisend aufwärts windet,
in Wolkenschatten irgendwo verschwindet
und ganz vergeht in Leuchten, Licht und Glanz.

Es ist nicht gut, wenn hier die Rosen blühn
und in dem Reich der leiderfüllten Seelen
von Duft und Schönheit, ja, von Glück erzählen,
dein müdes Herz mit Wunsch und Sehnsucht quälen,
und du erkennst, wie fern die Rosen glühn.

Es ist nicht gut, - - - wie vieles wird erschwert?
Hast du dein Ich für andere bezwungen?
Hast du dich schweigend durch das Leid gerungen?
Bist du von Liebe ganz und gar durchdrungen?
Oh, schwaches Herz, wie vieles war verkehrt! –

Unbekannt (Lager Mühlberg)

Paul Weisshuhn, wie er vielen von uns in Erinnerung ist:
Über seine Bilder und seine künstlerische Arbeit sprechend.

(im Malerkittel, Wuppertal, 1985)

Biographie Paul Weisshuhn

Geboren am 05.04.1908 in Witzschersdorf, Kreis Großkorbetha (bei Merseburg).

1927: Abitur am St. Anna Gymnasium in Dresden.

1927-1929: Studium an der Kunstakademie Königsberg.

1929-1932: Studium am Werkseminar Leipzig und an der Kunstakademie Düsseldorf, künstlerisch und persönlich nachhaltig prägende Begegnung mit Paul Klee.

1932-1940: Referendar und Assessor in Naumburg/Saale, Halle, Staßfurt, Anstellung als Kunsterzieher am Gymnasium Staßfurt.

1940-1945: Kriegsteilnehmer als Unteroffizier an der Ostfront, Entlassung aus englischer Kriegsgefangenschaft, Arbeit als Landarbeiter auf einem kleinen Bauernhof in Staßfurt.

1945-1948: Verhaftung und Internierung in Mühlberg.

1948-1973: Lehrtätigkeit an Gymnasien der Stadt Wuppertal.

1958-1975: Herausgabe der kunsttheoretischen und -pädagogischen Zeitschrift „Der Staedtler-Brief“,

intensives künstlerisches Schaffen z.T. im Rahmen einer Arbeitsgemeinschaft für künstlerische Erziehung,

Referate auf internationalen kunstpädagogischen Kongressen, Vorträge und Publikationen,

Kursleiter an der Sozialtherapeutischen Akademie Ober-Sondern,

Ausstellungen u. a. in Lindau, Lübeck, Bonn, Ottersberg, Dortmund und Wuppertal.

Verstorben am 12.10.1987 in Wuppertal.

Drei Kinder aus erster Ehe: Sohn Wolfram, geb. 1936, Tochter Erdmute, geb. 1939, und Sohn Ulrich, geb. 1942.

Zwei Kinder aus zweiter Ehe: Sohn Thorolf, geb. 1964, und Sohn Markolf, geb. 1965.

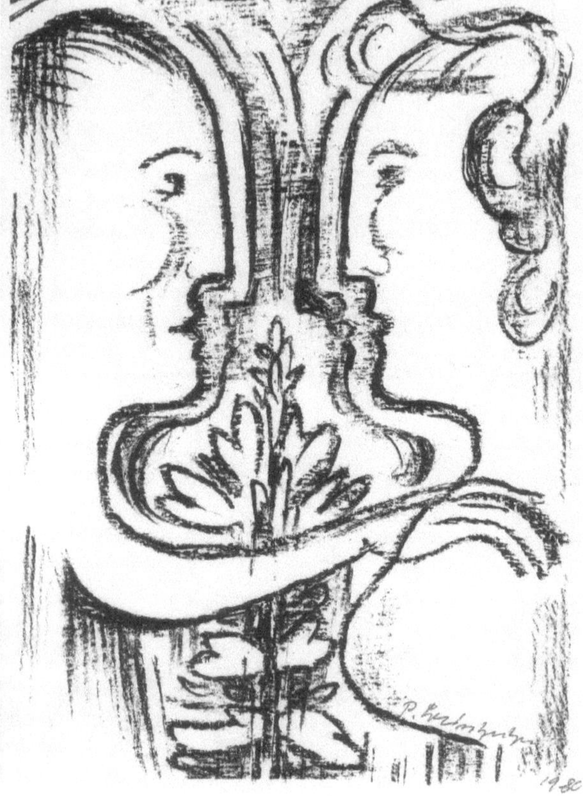

„Dieser und nächster Mai“

Kreidezeichnung von Paul Weisshuhn, 1980. Druck handsigniert.

Dieses Bild verdeutlicht vielleicht am dichtesten die Lebensbejahung, mit welcher sich Paul Weisshuhn trotz aller schlimmen Erfahrungen durch Krieg und Gefangenschaft 1963 nach dem Tode seiner ersten Frau wieder einer neuen Familie zugewandt hat.

Dank

An erster Stelle zu erwähnen ist meine liebe Mutter. Ohne ihre mühselige Abschrift des nur sehr schwer lesbaren handschriftlichen Manuskriptes hätte dieses Buch nicht entstehen können.

Ich danke allen Menschen, die durch ihre engagierte und hartnäckige Arbeit in den vergangenen Jahren auf ihre Weise dazu beitrugen, daß das Lager Mühlberg dem politisch gewollten Vergessen entrissen werden konnte und heute als Symbol und versöhnliches Mahnmal gegen politisches Unrecht steht.

Großer Dank gilt Herrn Eberhard Hoffmann für seine unermüdliche Arbeit und sein Engagement für die Initiativgruppe Lager Mühlberg e. V. und seine persönliche Unterstützung bei meinen Recherchen.

Besonders danke ich auch dem inzwischen verstorbenen Autor Achim Kilian, der sich einer selbstgestellten Aufgabe widmete. Akribisch und hoch engagiert hat er über viele Jahre Material gesammelt und Zeugen ausfindig gemacht, um zwei unschätzbar wertvolle Dokumentationen über das Lager Mühlberg zu schreiben.

Ich danke meiner Herzensfreundin Sabine Krantz, die spontan und bereitwillig das Lektorat übernahm, für ihre penible Arbeit und ihre Hinweise.

Frau Angelika Stamm von der Initiativgruppe Lager Mühlberg e. V. gilt mein Dank für ihre Unterstützung bei der Vermittlung von Kontakten und der Suche nach Literatur.

Ein herzliches Dankeschön an Herrn Christian Schön vom ***ibidem***-Verlag für die offene, konstruktive und vertrauensvolle Zusammenarbeit.

Dank auch Gabriela Hermer für ihre Erzählung aus Israel, die Denkanstöße und ihr wunderbares Wesen.

Und danke all jenen, die mir Mut machten, wenn meiner allein nicht ausreichte, um das, was ist, und das, was war, vorbehaltlos anzuschauen.

Und Dank an meine lieben Eltern, für das Leben. Ich mache was draus!

Literatur und weiterführende Informationen

Speziell mit der Geschichte des Lagers Mühlberg und den Ereignissen dort befassen sich die folgenden beiden Werke des inzwischen verstorbenen Autors und ehemaligen Mühlberger Häftlings Achim Kilian. Sie enthalten u. a. weitere detaillierte Quellenangaben zum Thema NKWD-Speziallager Mühlberg und beleuchten die Zustände in dem Internierungslager Mühlberg als Folge der Auswirkungen der stalinistischen Geheimdienstpraxis in der sowjetisch besetzten Zone Deutschlands sowie ihre Unterstützung durch bereitwillige Erfüllungsgehilfen in der Bevölkerung:

Kilian, Achim: Einzuweisen zur völligen Isolierung. NKWD-Speziallager Mühlberg/Elbe 1945-1948. Forum-Verlag Leipzig, Erscheinungsdatum 1990, 3. Aufl. 2000, ISBN 3-931801-28-4

Kilian, Achim: Mühlberg 1939-1948 Ein Gefangenenlager mitten in Deutschland. Köln, Weimar, 2001, ISBN 3-412-10201-6

Der Initiativkreis Lager Mühlberg e. V. gibt einen regelmäßigen Rundbrief heraus. Anschrift:

Initiativgruppe Lager Mühlberg e. V.
Schulplatz 2
04931 Mühlberg/Elbe
Tel.: 035342 / 87487, Fax: 035342 / 87488
In der Informationsschrift der Initiativgruppe ist ein ausführliches Literaturverzeichnis zum Thema Lager Mühlberg enthalten.

Die psychischen Folgen von Traumata aus Kriegen und Gefangenschaft schildert aufschluß- und hilfreich für Angehörige und Nachkommen:

Schmidbauer, Wolfgang: „Ich wußte nie, was mit Vater ist“ – Das Trauma des Krieges. Reinbek bei Hamburg, 1998, ISBN 3-498-06331-6.

Zahlreich sind die Publikationen der letzten Zeit über den Weltkrieg. Doch kein Buch schildert so persönlich, so unverhohlen und erschütternd die Deformation des eigenen Ich, wie sie der 1944 in Rußland gefallene 23-jährige Soldat Willy Peter Reese erlebte und niederschrieb:

Reese, Willy Peter: „Mir selber seltsam fremd.“ Die Unmenschlichkeit des Krieges. Russland 1941-44. Herausgegeben von Stefan Schmitz, Claassen-Verlag, 2. Aufl. 2003, ISBN 3-546-00345-4.

Eine lebendig und verständlich geschriebene Einführung über die Methode und die Möglichkeiten systemischer Familienaufstellungen beschreibt in sehr verständlicher Form:

Ulsamer, Bertold: Ohne Wurzeln keine Flügel. Die systemische Therapie von Bert Hellinger. München, 1999, ISBN 3-442-14166-4. Im Internet: www.ulsamer.com

Kritische Fragen zur Methode, gestellt durch einen Schüler und authentische Antworten von einem, der das Familien-Stellen bei Bert Hellinger persönlich gelernt hat und weiter intensiv mit ihm zusammenarbeitet:

Ulsamer, Bertold, und Hell, Martin: Wie hilft Familien-Stellen? Münsterschwarzach, 2003, ISBN 3-87868-637-4.

Ebenfalls empfehlenswert als Einstieg in die systemischen Zusammenhänge von Familiensystemen und Schicksalswirkungen, wobei insbesondere die kollektiven und persönlichen Schicksalsbindungen, die verborgene Wirkung der Liebe und des Gewissens sehr eindringlich und anschaulich geschildert wird:

> Nelles, Wilfried: Liebe, die löst. Einsichten aus dem Familien-Stellen. Heidelberg, 2002, ISBN 3-89670-286-6. Im Internet: www.wilfried-nelles.de

Und der wunderbare „Klassiker" der Literatur zu den Themen systemischer Familienaufstellungen, wie Bewegungen der Seele, Gewissen, Bindung, Ordnung, Tod und Liebe:

> Hellinger, Bert: Die Mitte fühlt sich leicht an. Vorträge und Geschichten. München, 9. Auflage 2003, ISBN 3-466-30460-1.

Eine Arbeitsrichtung der systemischen Aufstellung, die auf Fragestellungen in Wirtschaftsunternehmen und Organisationen abzielt, schildern die Coaches, Berater und Autoren:

> Horn, Dr. Klaus-Peter, und Brick, Regine: Das verborgene Netzwerk der Macht – Systemische Aufstellungen in Unternehmen und Organisationen, Offenbach, 2001, ISBN 3-89749-122-2. Mittlerweile liegt das Buch in der zweiten Auflage vor.

Allgemeine und detaillierte Informationen zu Systemischen Familienaufstellungen und qualifizierten Aufstellungsleitern (auch regional geordnet) sind unter folgender Adresse zu finden:

> Bert Hellinger Institut
> Haidplatz 7a
> D-93047 Regensburg
> Tel.: +49-(0)941-565046
> Fax: +49-(0)941-560172
> office@hellinger.de
> www.hellinger.de

FSC
www.fsc.org
MIX
Papier | Fördert gute Waldnutzung
FSC® C083411

Zeitfracht Medien GmbH
Ferdinand-Jühlke-Straße 7
99095 Erfurt, Deutschland
produktsicherheit@kolibri360.de